精装珍藏版

大师国学课
美学篇

宗白华 等著

中国经济出版社
·北京·

图书在版编目（CIP）数据

大师国学课：精装珍藏版．美学篇／宗白华等著．
北京：中国经济出版社，2024.11. --（中国文化经典
大师说）． -- ISBN 978-7-5136-7928-2

Ⅰ．Z126-49

中国国家版本馆 CIP 数据核字第 2024AP6315 号

责任编辑	张　丽
特约策划	润墨文化
责任印制	马小宾
封面设计	平　平

出版发行	中国经济出版社
印 刷 者	北京鑫益晖印刷有限公司
经 销 者	各地新华书店
开　　本	880mm×1230mm　1/32
印　　张	8
字　　数	160 千字
版　　次	2024 年 11 月第 1 版
印　　次	2024 年 11 月第 1 次印刷
定　　价	68.00 元

广告经营许可证　京西工商广字第 8179 号

中国经济出版社 网址 http://epc.sinopec.com/epc/ 社址 北京市东城区安定门外大街 58 号 邮编 100011
本版图书如存在印装质量问题，请与本社销售中心联系调换（联系电话：010-57512564）

版权所有　盗版必究（举报电话：010-57512600）
国家版权局反盗版举报中心（举报电话：12390）　　服务热线：010-57512564

我们站立在高高的山巅,化身为一望无边的远景,
化成面前的广漠的平原,化成平原上交错的蹊径。
哪条路,哪道水,没有关联,
哪阵风,哪片云,没有呼应;
我们走过的城市、山川,都化成了我们的生命。
……
我们随着风吹,随着水流,
化成平原上交错的蹊径,化成蹊径上行人的生命。

——冯至

编者的话

这是一套面向年轻读者普及优秀国学文化的简明读本,涵盖中国传统文化各个方面,分为八册:国学篇、哲学篇、历史篇、美学篇、国文篇、读书与做人篇、诗词鉴赏篇、文字学启蒙篇。

本系列图书力求从前辈文化大师的经典文章中撷取精华,帮助读者在各个方面对中国文化有一个框架化的认识,并将大师们最富活力和创造力的知识与人生智慧应用于现代读者的日常生活、工作和学习之中。

更重要的是,这套书将带领读者穿越时间的阻隔,接续悠久而厚重的文明脉络,探寻中国人的文化基因,领略优雅、博大、充满思辨精神和生命智慧的传统文化之美……

因写作和出版时代较为久远,本书所选篇目中的一些遣词造句、古今人名、地名、译名等与现代通行出版规范有所不同,一些语法表述及标点符号的使用也有些微差异,为照顾现代读者的阅读体验,在编辑过程中有所改动,正文中不再注明,请读者予以谅解。

需要特别说明的是,本书所选作品,我们已经尽可能一一获取著作权。如存在因疏漏未取得著作权的情况,敬请相关权利人与我们联系,以便我们寄奉稿酬,并致谢忱!

目录 CONTENTS

001/ 美学漫步

003 美从何处寻——宗白华

012 无言之美——朱光潜

024 美学散步——宗白华

036 中国文化的美丽精神往哪里去——宗白华

040 从梅花说到美——丰子恺

048 "慢慢走,欣赏啊!"——人生的艺术化——朱光潜

056 充实谓美说——傅东华

071 美术与生活——梁启超

076 美术与科学——梁启超

082 论触景生情——许君远

089 论意境——许君远

097 抽象的抒情——沈从文

104　文艺的本质——夏丏尊

107　音乐的欣赏——黄　自

113　美与同情——丰子恺

117　自然——丰子恺

122　怎样学习美学？·答青年同志们的来信——朱光潜

130　美育与人生——蔡元培

132　"美"——瞿秋白

135/ 文艺之美

137　书法指导——梁启超

143　文人画之价值——陈师曾

150　论中国建筑之几个特征——林徽因

155　鱼的艺术——沈从文

159　论戏曲——陈独秀

164　文艺的大众化——鲁　迅

166　音乐的势力——萧友梅

171　自然·艺术·人格——徐朗西

173　文艺鉴赏的程度——夏丏尊

178　中国画的文人画——傅抱石

181　敦煌边饰初步研究——林徽因

201　要善于辨别精粗美恶——梅兰芳

205/ 雅俗共赏

207　山水及自然景物的欣赏——郁达夫

211　论雅俗共赏——朱自清

219　关于中国画精神——傅抱石

223　中国歌舞短论——聂　耳

225　电影的音乐配奏——聂　耳

227　民众艺术的内容——苏　汶

230　现代中国艺术之恐慌——傅　雷

236　诗人与诗——江寄萍

239　谈风雅——丁　易

241　普遍的音乐——冼星海

243　中国人物画之变迁——陈师曾

美学漫步

美从何处寻

宗白华

> 啊，诗从何处寻？
> 在细雨下，点碎落花声，
> 在微风里，飘来流水音，
> 在蓝空天末，摇摇欲坠的孤星！
>
> ——《流云小诗》

> 尽日寻春不见春，芒鞋踏遍陇头云。
> 归来笑拈梅花嗅，春在枝头已十分。
>
> ——（宋）罗大经《鹤林玉露》中载某尼悟道诗

诗和春都是美的化身，一是艺术的美，一是自然的美。我们都是从目观耳听的世界里寻得她的踪迹。某尼悟道诗大有禅意，好像是说"道不远人"，不应该"道在迩而求诸远"。好像是说："如果你在自己的心中找不到美，那么，你就没有地方可以发现美的踪迹。"

然而梅花仍是一个外界事物呀，大自然的一部分呀！你的心不是"在"自己的心的过程里，在感情、情绪、思维里找到美；而只是"通过"感觉、情绪、思维找到美，发现梅花里的美。美对于你的心、你的"美感"是客观的对象和存在。你如果要进一步认识她，你可以分析她的结构、形象、组成的各部分，得出"谐和"的规律，"节奏"的规律，表现的内容，丰富的启示，而不必顾到你自己的心的活动。你越能忘掉自我，忘掉你自己的情绪波动，思维起伏，你就越能够"漱涤万物，牢笼百态"（柳宗元语），你就会像一面镜子，像托尔斯泰那样，照见了一个世界，丰富了自己，也丰富了文化。人们会感谢你的。

那么，你在自己的心里就找不到美了吗？我说，如果我们的心灵起伏万变，经常碰到情感的波涛，思想的矛盾，当我们身在其中时，恐怕尝到的是苦闷，而未必是美。只有莎士比亚或巴尔扎克把它形象化了，表现在文艺里，或是你自己手之舞之，足之蹈之，把你的欢乐表现在舞蹈的形象里，或把你的忧郁歌咏在有节奏的诗歌里，甚至在你的平日的行动里、语言里。一句话，就是你的心要具体地表现在形象里，那时旁人会看见你的心灵的美，你自己也才真正地、切实地、具体地发现你的心里的美。除此以外，恐怕不容易吧！你的心可以发现美的对象（人生的，社会的，自然的），这"美"对于你是客观的存在，不以你的意志为转移。（你的意志只能指使你的眼睛去看她，或不去看她，而不能改变她。你能训练你的眼睛深一层地去认识她，却不能动摇她。希腊伟大的艺术不因中古时代的晦暗而减少它的光辉。）

宋朝某尼虽然似乎悟道,然而她的觉悟不够深、不够高,她不能发现整个宇宙已经盎然有春意,假使梅花枝上已经春满十分了。她在踏遍陇头云时是苦闷的、失望的。她把自己关在狭窄的心的圈子里了。只在自己的心里去找寻美的踪迹是不够的,是大有问题的。王羲之在《兰亭序》里说:"仰观宇宙之大,俯察品类之盛,所以游目骋怀,足以极视听之娱,信可乐也。"这是东晋大书法家在寻找美的踪迹。他的书法传达了自然的美和精神的美。不仅是大宇宙,小小的事物也不可忽视。诗人华兹沃斯曾经说过:"一朵微小的花对于我可以唤起不能用眼泪表达出的那样深的思想。"

达到这样的、深入的美感,发见这样深度的美,是要在主观心理方面具有条件和准备的。我们的感情是要经过一番洗涤,克服了小己的私欲和利害计较。矿石商人只看到矿石的货币价值,而看不见矿石的美的特性。我们要把整个情绪和思想改造一下,移动了方向,才能面对美的形象,把美如实地和深入地反映到心里来,再把它放射出去,凭借物质创造形象给表达出来,才成为艺术。中国古代曾有人把这个过程唤作"移人之情"或"移我情"。琴曲《伯牙水仙操》的序上说:

伯牙学琴于成连,三年而成。至于精神寂寞,情之专一,未能得也。成连曰:"吾之学不能移人之情,吾师有方子春在东海中。"乃赍粮从之,至蓬莱山,留伯牙曰:"吾将迎吾师!"划船而去,旬日不返。伯牙心悲,延颈四望,但闻海水汩波,山林窅冥,群鸟悲号。仰天叹曰:"先生将移我情!"乃援操而作歌云:

"繄洞庭兮流斯护，舟楫逝兮仙不还，移形素兮蓬莱山，欨钦伤宫仙不还。"

伯牙由于在孤寂中受到大自然强烈的震撼，生活上的异常遭遇，整个心境受了洗涤和改造，才达到艺术的最深体会，把握到音乐的创造性的旋律，完成他的美的感受和创造。这个"移情说"比起德国美学家栗卜斯的"情感移入论"似乎还要深刻些，因为它说出现实生活中的体验和改造是"移情"的基础呀！并且"移易"和"移入"是不同的。

这里我所说的"移情"应当是我们审美的心理方面的积极因素和条件，而美学家所说的"心理距离""静观"，则构成审美的消极条件。女子郭六芳有一首诗《舟还长沙》说得好：

侬家家住两湖东，十二珠帘夕照红。
今日忽从江上望，始知家在画图中。

自己住在现实生活里，没有能够把握它的美的形象。等到自己对自己的日常生活有相当的距离，从远处来看，才发现家在画图中，融在自然的一片美的形象里。

但是在除主观心理条件之外，也还需要客观的物的方面的条件。在这里是那夕照的红和十二珠帘的具有节奏与和谐的形象。宋人陈简斋的海棠诗云："隔帘花叶有辉光。"帘子造成了距离，同时它的线文的节奏也更能把帘外的花叶纳进美的形象，增强了它的光辉闪灼，呈显出生命的华美，就像一段欢愉的生活嵌在素朴而具有优美旋律的歌词里一样。

这节奏，这旋律，这和谐等，它们是离不开生命的表现，它们不是死的机械的空洞的形式，而是具有丰富内容，有表现、有深刻意义的具体形象。形象不是形式，而是形式和内容的统一，形式中每一个点、线、色、形、音、韵，都表现内容的意义、情感、价值。所以诗人艾里略说："一个造出新节奏的人，就是一个拓展了我们的感情并使它更为高明的人。"又说："创造一种形式并不是仅发明一种格式、一种韵律或节奏，而是这种韵律或节奏的整个合式的内容的发觉。莎士比亚的十四行诗并不仅是如此这般的一种格式或图形，而是一种恰是如此思想感情的方式"。而具有理想的形式的诗是"如此这般的诗，以致我们看不见所谓诗，但注意着诗所指示的东西"（《诗的作用和批评的作用》）。这里就是"美"，就是美感所受的具体对象。它是通过美感来摄取的美，而不是美感的主观的心理活动自身。就像物质的内部结构和规律是抽象思维所摄取的，但自身却不是抽象思维而是具体事物。所以专在心内搜寻是达不到美的踪迹的。美的踪迹要到自然、人生、社会的具体形象里去找。

但是心的陶冶、心的修养和锻炼是替美的发见和体验做准备的。创造"美"也是如此。捷克诗人里尔克在他的《柏列格的随笔》里有一段话精深微妙，梁宗岱曾把它译出，现介绍如下：

……一个人早年作的诗是这般乏意义，我们应该毕生期待和采集，如果可能，还要悠长的一生；然后，到晚年，或者可以写出十行好诗。因为诗并不像大众所想的，徒是情感（这是我们很早就有了的），而是经验。

单要写一句诗，我们得要观察过许多城、许多人、许多物，得要认识走兽，得要感到鸟儿怎样飞翔和知道小花清晨舒展的姿势。得要能够回忆许多远路和僻境，意外的邂逅，眼光光望它接近的分离，神秘还未启明的童年，容易生气的父母，当他给你一件礼物而你不明白的时候（因为那原是为别一人设的欢喜）和离奇变幻的小孩子的病，在一间静穆而紧闭的房里度过的日子，海滨的清晨和海的自身，和那与星斗齐飞的高声呼号的夜间的旅行——而单是这些犹未足，还要享受过许多夜不同的狂欢，听过妇人产时的呻吟，和坠地便瞑目的婴儿轻微的哭声，还要曾经坐在临终人的床头和死者的身边，在那打开的、外边的声音一阵阵拥进来的房里。

可是单有记忆犹未足，还要能够忘记它们，当它们太拥挤的时候，还要有很大的忍耐去期待它们回来。因为回忆本身还不是这个，必要等到它们变成我们的血液、眼色和姿势了，等到它们没有了名字而且不能别于我们自己了，那么，然后可以希望在极难得的顷刻，在它们当中伸出一句诗的头一个字来。

这里是大诗人里尔克在许许多多的事物里、经验里，去踪迹诗，去发现美，多么艰辛的劳动呀！他说："诗不徒是感情，而是经验。"现在我们也就转过方向，从客观条件来考察美的对象的构成。改造我们的感情，使它能够发现美。中国古人曾经把这唤作"移我情"，改变着客观世界的现象，使它能够成为美的对象，中国古人曾经把这唤作"移世界"。

"移我情""移世界",是美的形象涌现出来的条件。

我们上面所引长沙女子郭六芳诗中说过"今日忽从江上望,始知家在画图中",这是心理距离构成审美的条件。但是"十二珠帘夕照红",却构成这幅美的形象的客观的、积极的因素。夕照、月明、灯光、帘幕、薄纱、轻雾,人人知道是助成美的出现的有力因素,现代的照相术和舞台布景知道这个而尽量利用着。中国古人曾经唤作"移世界"。

明朝文人张大复在他的《梅花草堂笔谈》里记述着:

邵茂齐有言,天上月色能移世界,果然!故夫山石泉涧,梵刹园亭,屋庐竹树,种种常见之物,月照之则深,蒙之则净,金碧之彩,披之则醇,惨悴之容,承之则奇,浅深浓淡之色,按之望之,则屡易而不可了。以至河山大地,邈若皇古,犬吠松涛,远于岩谷,草生木长,闲如坐卧,人在月下,亦尝忘我之为我也。今夜严叔向,置酒破山僧舍,起步庭中,幽华可爱,旦视之,酱盎纷然,瓦石布地而已,戏书此以信茂齐之语,时十月十六日,万历丙午三十四年也。

月亮真是一个大艺术家,转瞬之间替我们移易了世界,美的形象,涌现在眼前。但是第二天早晨起来看,瓦石布地而已。于是有人得出结论说:美是不存在的。我却要更进一步推论说,瓦石也只是无色、无形的原子或电磁波,而这个也只是思想的假设,我们能抓住的只是一堆抽象数学方程式而已。究竟什么是真实的存在?所以我们要回转头来说,我们现实生活里直接经验到的，不以我们的意志为转移的，丰富多彩的，有声有色有形有相的世界就是真实存在的世界，这是我们生活和创造的园地。所以马克思很欣赏近代唯物论的第一个创始者培根的著作里所说的物质以其感觉的诗意的光辉向着整个的人微笑（见《神圣家族》），而不满意霍布士的唯物论里"感觉失去了它的光辉而变为几何学家的抽象感觉，唯物论变成了厌世论"。

在这里物的感性的质、光、色、声、热等不是物质所固有的了，光、色、声中的美更成了主观的东西。于是世界成了灰白色的骸骨，机械的死的过程。恩格斯也主张我们的思想要像一面镜子，如实地反映这多彩的世界。美是存在着的！世界是美的，生活是美的。它和真和善是人类社会努力的目标，是哲学探索和建立的对象。

美不但是不以我们的意志为转移的客观存在，反过来，它影响着我们，教育着我们，提高生活的境界和意趣。它的力量更大了，它也可以倾国倾城。希腊大诗人荷马的著名史诗《伊利亚特》歌咏希腊联军围攻特洛伊九年，为的是夺回美人海伦，而海伦的美叫他们感到九年的辛劳和牺牲不是白费的。现在引述这一段名句：

> 特洛伊长老们也一样地高踞城雉，
> 当他们看见了海伦在城垣上出现，
> 老人们便轻轻低语，彼此交谈机密：
> "怪不得特洛伊人和坚胫甲阿开人，
> 为了这个女人这么久忍受苦难呢，

她看来活像一个青春长住的女神。
可是，尽管她多美，也让她乘船去吧，
别留这里给我们子子孙孙作祸根。"

——引自缪朗山译《伊利亚特》

荷马不用浓丽的词藻来描绘海伦的容貌，而从她的巨大的惨酷的影响和力量轻轻地点出她的倾国倾城的美。这是他的艺术高超处，也是后人所赞叹不已的。

我们寻到美了吗？我说，我们或许接触到美的力量，肯定了她的存在，而她的无限的丰富内含却是不断地待我们去发现。千百年来的诗人艺术家已经发见了不少，保藏在他们的作品里，千百年后的世界仍会有新的表现。"每一个造出新节奏来的人，就是拓展了我们的感情并使它更为高明的人！"

无言之美

朱光潜

孔子有一天突然很高兴地对他的学生说:"予欲无言。"子贡就接着问他:"子如不言,则小子何述焉?"孔子说:"天何言哉?四时行焉,百物生焉。天何言哉?"

这段赞美无言的话,本来从教育方面着想。但是要想明了无言的意蕴,宜从美术观点去研究。

言所以达意,然而意绝不是完全可以言达的。因为言是固定的,有迹象的;意是瞬息万变,缥缈无踪的。言是散碎的,意是混整的。言是有限的,意是无限的。以言达意,好像用继续的虚线画实物,只能得其近似。

所谓文学,就是以言达意的一种美术。在文学作品中,语言之先的意象,和情绪意旨所附丽的语言,都要尽美尽善,才能引起美感。

尽美尽善的条件很多。但是第一要不违背美术的基本原理,要"和自然逼真"(True to Nature)。这句话讲得通俗一点,就是说美术作品不能说谎。不说谎包含两种意义:一、我们所说的话，就恰是我们所想说的话；二、我们所想说的话，我们都吐肚子说出来了，毫无余蕴。

意既不可以完全达之以言，"和自然逼真"一个条件在文学上不是做不到吗？或者我们问得再直截一点，假使语言文字能够完全传达情意，假使笔之于书的和存之于心的铢两悉称，丝毫不爽，这是不是文学上所应希求的一件事？

这个问题是了解文学及其他美术所必须回答的。现在我们姑且答道：文字语言固然不能完全传达情绪意旨，假使能够，也并非文学所应希求的。一切美术作品也都是这样，尽量表现，非唯不能，而也不必。

先从事实下手研究。譬如，有一个荒村或任何物体，摄影家把它照一幅相，美术家把它画一幅图。这种相片和图画可以从两个观点去比较。第一，相片和图画，哪一个较"和自然逼真"？不消说得，在同一视阈以内的东西，相片都可以包罗尽致，并且体积、比例和实物都两两相称，不会有丝毫错误。图画就不然。美术对于一种境遇，未表现之先，先加一番选择。选择定的材料还需经过一番理想化，把美术家的人格参加进去，然后表现出来。所表现的只是实物的一部分，就连这一部分也不必和实物完全一致。所以图画绝不能如相片一样"和自然逼真"。第二，我们再问，相片和图画所引起的美感哪一个浓厚，所发生的印象哪一个深刻？这也不消说，稍有美术口胃的人都觉得图画比相片美得多。

文学作品也是同样。譬如，《论语》"子在川上曰：'逝者如斯夫，不舍昼夜。'"几句话绝没完全描写出孔子说这番话时候的心境，而"如斯夫"三字更笼统，没有把当时的流水形容尽致。如果说详细一点，孔子也许这样说："河水滚滚地流去，日夜都是这样，没有一刻停止。世界上一切事物不都像这流水时常变化不尽吗？过去的事物不就永远过去决不回头吗？我看见这流水，心中好不惨伤呀！……"但是纵使这样说去，还没有尽意。而比较起来，"逝者如斯夫，不舍昼夜"九个字比这段长而臭的演义就值得玩味多了！

在上等文学作品中——尤其在词诗中——这种言不尽意的例子处处可以看见。譬如，陶渊明的《时运》，"有风自南，翼彼新苗"；《读〈山海经〉》，"微雨从东来，好风与之俱"，本没有表现出诗人的情绪，然而玩味起来，自觉有一种闲情逸致，令人心旷神怡。钱起的《省试湘灵鼓瑟》末二句"曲终人不见，江上数峰青"，也没有说出诗人的心绪，然而一种凄凉惜别的神情自然流露于言语之外。此外，像陈子昂的《登幽州台歌》，"前不见古人，后不见来者。念天地之悠悠，独怆然而涕下。"李白的《怨情》，"美人卷珠帘，深坐颦蛾眉。但见泪痕湿，不知心恨谁。"虽然说明了诗人的感情，而所说出来的多么简单，所含蓄的多么深远！

再就写景说，无论何种境遇，要描写得惟妙惟肖，都要费许多笔墨。但是大手笔只选择两三件事轻描淡写一下，完全境遇便呈露眼前，栩栩如生。譬如陶渊明的《归园田居》，"方宅十余亩，草屋八九间。榆柳荫后檐，桃李罗堂前。暧暧远人村，依依墟里烟。狗吠深巷中，鸡鸣桑树颠。"四十字把乡村风景描写得多么真切！再如杜工部（杜甫）的《后出塞》，"落日照大旗，马鸣风萧萧。平沙列万幕,部伍各见招。中天悬明月,令严夜寂寥。悲笳数声动,壮士惨不骄。"寥寥几句话把月夜沙场状况写得多么有声有色!然而仔细观察起来,乡村景物还有多少为陶渊明所未提及,战地情况还有多少为杜工部所未提及。由此可知,文学上我们并不以尽量表现为难能可贵。

在音乐里面,我们也有这种感想。凡是唱歌、奏乐,音调由雄壮急促而变到低微以至于无声的时候,我们精神上就有一种沉默渊穆、和平愉快的景象。白香山(白居易)在《琵琶行》里形容琵琶声音暂时停顿的情况说,"冰泉冷涩弦凝绝,凝绝不通声暂歇。别有幽愁暗恨生,此时无声胜有声。"这就是形容音乐上无言之美的滋味。著名英国诗人溪兹(Keats,今译济慈)在《希腊花瓶歌》中也说"听得见的声调固然幽美,听不见的声调尤其幽美"(Heard melodies are sweet, but those unheard are sweeter),也是说的同样道理。大概欢喜听音乐的人都尝过此中滋味。

就戏剧说,无言之美更容易看出。许多作品往往在热闹场中动作快到极重要的一点时,忽然万籁俱寂,现出一种沉默神秘的景象。梅特林克(Maeterlinck)的作品就是好例。譬如《青鸟》的布景,择夜阑人静的时候,使重要角色睡得很长久,就是利用无言之美的道理。梅氏并且说:"口开则灵魂之门闭,口闭则灵魂之门开。"赞无言之美的话不能比此更透辟了。莎士比亚的名著《哈姆列特》(今译《哈姆雷特》)一剧开幕便描写更夫守夜的状况,德林瓦特(Drinkwater)在其《林肯》中描写林肯在南北战争军事旁午的时候跪着默祷,王尔德(O. Wiled)的《温德梅尔夫人的扇子》里面描写温德梅尔夫人私奔在她的情人寓所等候的状况，都在兴酣局紧、心悬悬渴望结局时放出沉默神秘的色彩，都足以证明无言之美的。近代又有一种哑剧和静的布景，或只有动作而无言语，或连动作也没有，就专靠无言之美引人入胜了。

雕刻塑像本来是无言的，也可以拿来说明无言之美。所谓无言，不一定指不说话，是注重在含蓄不露。雕刻以静体传神，有些是流露的，有些是含蓄的。这种分别在眼睛上尤其容易看见。中国有一句谚语说："金刚怒目，不如菩萨低眉。"所谓怒目，便是流露；所谓低眉，便是含蓄。凡看低头闭目的神像，所生的印象往往特别深刻。最有趣的就是西洋爱神的雕刻，他们男女都是瞎了眼睛。这固然根据希腊神话，然而实在含有美术的道理。因为爱情通常在眉目间流露，而流露爱情的眉目是最难比拟的，所以索性雕成盲目，可以耐人寻思。当初雕刻家原不必有意为此，但这也许是人类不用意识而自然碰着的巧。

要说明雕刻上流露和含蓄的分别，希腊著名雕刻《拉奥孔》（Laocoon）是最好的例子。相传拉奥孔犯了大罪，天神用了一种极残酷的刑法来惩罚他，遣了一条恶蛇把他和他的两个儿子在一块绞死了。在这种极刑之下，未死之前当然有一种悲伤惨戚、目不忍睹的一顷刻。而希腊雕刻家并不擒住这一顷刻来表现，他只把将达苦痛极点前一顷刻的神情雕刻出来，所以他所表现的悲哀是含蓄不露的。倘若是流露的，一定带了挣扎呼号的样子。这个雕刻，一眼看去，只觉得他们父子三人都有一种难言之痛；仔细看去，便可发现条条筋肉、根根毛孔都暗示一种极苦痛的神情。德国莱辛（Lessing）的名著《拉奥孔》就根据这个雕刻，讨论美术上含蓄的道理。

以上是从各种艺术中信手拈来的几个实例。把这些个别的实例归纳在一起，我们可以得一个公例，就是：拿美术来表现思想和情感，与其尽量流露，不如稍有含蓄；与其吐肚子把一切都说出来，不如留一大部分让欣赏者自己去领会。因为在欣赏者的头脑里所生的印象和美感，有含蓄比较尽量流露的还要更加深刻。换句话说，说出来的越少，留着不说的越多，所引起的美感就越大越深越真切。

这个公例不过是许多事实的总结。现在我们要进一步求出解释这个公例的理由。我们要问，何以说得越少，引起的美感反而越深刻？何以无言之美有如许势力？

想答复这个问题，先要明白美术的使命。人类何以有美术的要求？这个问题本非一言可尽。现在我们姑且说，美术是帮助我们超脱现实而求安慰于理想境界的。人类的意志可向两方面发展：一是现实界，一是理想界。不过现实界有时受我们的意志支配。譬如我们想造一所房屋，这是一种意志。要达到这个意志，必费许多气力去征服现实，要开荒辟地，要造砖瓦，要架梁柱，要赚钱去请泥水匠。这些事都是人力可以办得到的，都是可以用意志支配的。但是我们的意志想造一座空中楼阁，现实界凡物皆向地心下坠一条定律，就不可以用意志征服。所以意志在现实界活动，处处遇障碍，处处受限制，不能圆满地达到目的。实际上我们的意志十之八九都要受现实限制，不能自由发展。譬如，谁不想有美满的家庭？谁不想住在极乐国？然而在现实界绝没有所谓极乐美满的东西存在，因此我们的意志就不能不和现实发生冲突。

一般人遇到意志和现实发生冲突的时候，大半让现实征服了意志，走到悲观烦闷的路上去，以为件件事都不尽如人意，人生还有什么意味？所以堕落、自杀、逃空门种种的消极的解决法就乘虚而入了，不过这种消极的人生观不是解决意志和现实冲突最好的方法。因为我们人类生来不是懦弱者，而这种消极的人生观甘心让现实把意志征服了，是一种极懦弱的表示。

然则此外还有较好的解决办法吗？有的，就是我所谓超脱现实。我们处世有两种态度。人力所能做到的时候，我们要竭力征服现实。人力莫可奈何的时候，我们就要暂时超脱现实，储蓄精力待将来再向其他方面征服现实。超脱到哪里去呢？超脱到理想界去。现实界处处有障碍、有限制，理想界是天高任鸟飞，极空阔、极自由的。现实界不可以造空中楼阁，理想界是可以造空中楼阁的。现实界没有尽美尽善，理想界是有尽美尽善的。

姑取实例来说明。我们走到小城市里去，看见街道窄狭污浊，处处都是阴沟厕所，当然感觉不快，而意志立时就要表示态度。如果意志要征服这种现实，我们就要把这种街道、房屋一律拆毁，另造宽大的马路和清洁的房屋。但是谈何容易？物质上发生种种障碍，这一层就不一定可以做到。意志在此时如何应付呢？它说：我要超脱现实，去在理想界造成理想的街道、房屋来，把它表现在图画上，表现在雕刻上，表现在诗文上。于是结果有所谓美术作品。美术家做成了一件作品，自己觉得有创造的大力，当然快乐已极。旁人看见这种作品，觉得它真美丽，于是也愉快起来了，这就是所谓美感。

因此美术家的生活，就是超脱现实的生活，美术作品就是帮助我们超脱现实到理想界去求安慰的。换句话说，我们有美术的要求，就因为现实界待我们太刻薄，不让我们的意志推行无碍，于是我们的意志就跑到理想界去求慰情的路径。美术作品之所以美，就美在它能够给我们很好的理想境界。所以我们可以说，美术作品的价值高低就看它超脱现实的程度大小，就看它所创造的理想世界是阔大还是窄狭。

但是美术又不是完全可以和现实界绝缘的。它所用的工具，例如雕刻用的石头，图画用的颜色，诗文用的语言，都是在现实界取来的。它所用的材料，例如人物情状悲欢离合，也是现实界的产物。所以美术可以说是以毒攻毒，利用现实的帮助以超脱现实的苦恼。上面我们说过，美术作品的价值高低要看它超脱现实的程度如何。这句话应稍加改正，我们应该说，美术作品的价值高低，要看它能否借极少量的现实界的帮助，创造极大量的理想世界出来。

在实际上说，美术作品借现实界的帮助愈少，所创造的理想世界也因而愈大。再拿相片和图画来说明。何以相片所引起的美感不如图画呢？因为相片上一形一影，件件都是真实的，应有尽有，发泄无遗。我们看相片，种种形影好像钉子把我们的想象力都钉死了。看到相片，好像看到二五就只能想到一十，不能想到其他数目。换句话说，相片把事物看得忒真，没有给我们以想象余地。所以相片只能抄写现实界，不能创造理想界。图画就不然。图画家用美术眼光加一番选择的功夫，在一个完全境遇中选择了一小部事物，把它们又经过一番理想化，然后才表现出来，惟其留着一大部分不表现，欣赏者的想象力才有用武之地。想象作用的结果就是一个理想世界。所以图画所表现的现实世界虽极小，而创造的理想世界则极大。孔子谈教育说："举一隅不以三隅反，则不复也。"相片把四隅通举出来了，不要你劳力去"复"。图画就只举一隅，叫欣赏者加一番想象，然后"以三隅反"。

流行语中有一句说"言有尽而意无穷。"无穷之意达之以有尽之言，所以有许多意，尽在不言中。**文学之所以美，不仅在有尽之言，而尤在无穷之意。推广地说，美术作品之所以美，不是只美在已表现的一小部分，尤其是美在未表现而含蓄无穷的一大部分，这就是本文所谓无言之美。**

因此美术要"和自然逼真"一个信条应该这样解释："和自然逼真"是要窥出自然的精髓所在，而表现出来；不是说要把自然当作一篇印版文字，很机械地抄写下来。

这里有一个问题会发生。假使我们欣赏美术作品，要注重在未表现而含蓄着的一部分，要超"言"而求"言外意"，各个人有各个人的见解，所得的言外意不是难免殊异么？当然，美术作品之所以美，就美在有弹性，能拉得长，能缩得短。有弹性所以不呆板。同一美术作品，你去玩味有你的趣味，我去玩味有我的趣味。譬如《莎氏乐府》所以在艺术上占极高位置，就因为各种阶级的人在不同环境中都欢喜读它。有弹性所以不陈腐。同一美术作品，今天玩味有今天的趣味，明天玩味有明天的趣味。凡是经不得时代淘汰的作品都不是上乘的。上乘文学作品，百读都令人不厌的。

就文学说，诗词比散文的弹性大。换句话说，诗词比散文所含的无言之美更丰富。散文是尽量流露的，愈发挥尽致，愈见其妙。诗词是要含蓄暗示，若即若离，才能引人入胜。现在一般研究文学的人都偏重散文——尤其是小说，对于诗词很疏忽。这件事实可以证明一般人文学欣赏力很薄弱。现在如果要提高文学，必先提高文学欣赏力。要提高文学欣赏力，必先在诗词方面特别下功夫，把鉴赏无言之美的能力养得很敏捷。因此，我很希望文学创作者在诗词方面多努力，而学校国文课程中诗歌应该占一个重要的位置。

本文论无言之美，只就美术一方面着眼。其实这个道理在伦理、哲学、教育、宗教及实际生活各方面都不难发现。老子《道德经》开卷便说："道可道，非常道；名可名，非常名。"就是说伦理哲学中有无言之美。儒家谈教育，大半主张潜移默化，所以拿时雨春风做比喻。佛教及其他宗教之能深入人心，也是借沉默神秘的势力。

幼稚园创造者蒙台梭利利用无言之美的办法尤其有趣。在她的幼稚园里，教师每天趁儿童玩得很热闹的时候，猛然地在粉板上写一个"静"字，或奏一声琴，全体儿童于是都跑到自己的座位去，闭着眼睛蒙着头做伏案假睡的姿势。但是他们不可以睡着。几分钟后，教师又用很轻微的声音，从颇远的地方呼唤各个儿童的名字。听见名字的就要立刻醒来。这就是使儿童可以在沉默中领略无言之美。

就实际生活方面说，世间最深切的莫如男女爱情。爱情摆在肚子里面比摆在口头上面来得恳切。"齐心同所愿，含意俱未伸"

和"更无言语空相觑",比较"细语温存""怜我怜卿"的滋味还要更加甜蜜。英国诗人布莱克(Blake)有一首诗叫作《爱情之秘》(*Love's Secret*),里面说:

切莫告诉你的爱情,爱情是永远不可以告诉的,因为她像微风一样,不作声不作气地吹着。

我曾经把我的爱情告诉而又告诉,我把一切都披肝沥胆地告诉爱人了,打着寒战,耸头发地告诉,然而她终于离我去了!

她离我去了,不多时一个过客来了。

不作声不作气地,只微叹一声,便把她带去了。

这首短诗描写爱情上无言之美的势力,可谓透辟已极了。本来爱情全是一种心灵的感应,其深刻处老子所谓不可道不可名的。所以许多诗人以为"爱情"两个字本身就太滥、太寻常、太乏味,不能拿来写照男女间神圣深挚的情绪。

其实何止爱情?世间有许多奥妙,人心有许多灵悟,都非言语可以传达,一经言语道破,反如甘蔗渣滓,索然无味。这个道理还可以推到宇宙、人生诸问题方面去。我们所居的世界是最完美的,就因为它是最不完美的。这话表面看去,不通已极,但是实在含有至理。假如世界是完美的,人类所过的生活——比好一点是神仙的生活,比坏一点就是猪的生活——便呆板、单调已极,因为倘若件件都尽美尽善了,自然没有希望发生,更没有努力奋斗的必要。

人生最可乐的就是活动所生的感觉,就是奋斗成功而得的快慰。世界既完美，我们如何能尝创造成功的快慰？这个世界之所以美满，就在有缺陷，就在有希望的机会，有想象的田地。换句话说，世界有缺陷，可能性（Potentiality）才大。这种可能而未能的状况就是无言之美。世间有许多奥妙，要留着不说出；世间有许多理想，也应该留着不实现。因为实现以后，跟着"我知道了"的快慰，便是"原来不过如是"的失望。

天上的云霞有多么美丽！风涛虫鸟的声息有多么和谐！用颜色来摹绘，用金石丝竹来比拟，任何美术家也是作践天籁，糟蹋自然！无言之美何限？让我这种拙手来写照，已是糟粕枯骸！这种罪过我要完全承认的。倘若有人骂我胡言乱语，我也只好引陶渊明的诗回答他说："此中有真意，欲辨已忘言！"

美学散步

宗白华

小言

散步是自由自在、无拘无束的行动,它的弱点是没有计划,没有系统。看重逻辑统一性的人会轻视它,讨厌它,但是西方建立逻辑学的大师亚里士多德的学派却唤作"散步学派",可见散步和逻辑并不是绝对不相容的。中国古代一位影响不小的哲学家——庄子,他好像整天是在山野里散步,观看着鹏鸟、小虫、蝴蝶、游鱼,又在人间世里凝视一些奇形怪状的人:驼背、跛脚、四肢不全、心灵不正常的人,很像意大利文艺复兴时大天才达·芬奇在米兰街头散步时速写下来的一些"戏画",现在竟成为"画院的奇葩"。庄子文章里所写的那些奇特人物大概就是后来唐、宋画家画罗汉时心目中的范本。

散步的时候可以偶尔在路旁折到一枝鲜花,也可以在路上拾起别人弃之不顾而自己感到兴趣的燕石。

无论鲜花或燕石,不必珍视,也不必丢掉,放在桌上可以做散步后的回念。

诗(文学)和画的分界

苏东坡论唐朝大诗人兼画家王维(摩诘)的《蓝田烟雨图》说:"味摩诘之诗,诗中有画;观摩诘之画,画中有诗。诗曰:'蓝溪白石出,玉山红叶稀。山路元无雨,空翠湿人衣。'此摩诘之诗也。或曰:'非也,好事者以补摩诘之遗。'"

以上是东坡的话,所引的那首诗,不论它是不是好事者所补,把它放到王维和裴迪所唱和的辋川绝句里去是可以乱真的。这确是一首"诗中有画"的诗。"蓝溪白石出,玉山红叶稀",可以画出来成为一幅清奇冷艳的画,但是"山路元无雨,空翠湿人衣"二句,却是不能在画面上直接画出来的。假使刻舟求剑似的画出一个人穿了一件湿衣服,即使不难看,也不能把这种意味和感觉像这两句诗那样完全传达出来。好画家可以设法暗示这种意味和感觉,却不能直接画出来。这位补诗的人也正是从王维这幅画里体会到这种意味和感觉,所以用"山路元无雨,空翠湿人衣"这两句诗来补足它。这幅画上可能并不曾画有人物,那会更好地暗示这感觉和意味。而另一位诗人可能体会不同而写出别的诗句来。画和诗毕竟是两回事。诗中可以有画,像头两句里所写的,但诗不全是画。而那不能直接画出来的后两句恰正是"诗中之诗",正是构成这首诗是诗而不是画的精要部分。

然而那幅画里若不能暗示或启发人写出这诗句来,它可能是一张很好的写实照片,却又不能成为真正的艺术晶——画,更不是大诗画家王维的画了。这"诗"和"画"的微妙的辩证关系不是值得我们深思探索的吗？

宋朝文人晁以道有诗云："画写物外形，要物形不改。诗传画外意，贵有画中态。"这也是论诗画的离合异同。画外意，待诗来传，才能圆满，诗里具有画所写的形态，才能形象化、具体化，不至于太抽象。

但是王安石《明妃曲》诗云："意态由来画不成，当时枉杀毛延寿。"他是个喜欢做翻案文章的人，然而他的话是有道理的。美人的意态确是难画出的，东施以活人来效颦西施尚且失败，何况是画家调脂弄粉。那画不出的"巧笑倩兮，美目盼兮"，古代诗人随手拈来的这两句诗，却使孔子以前的中国美人如同在我们眼面前。达·芬奇用了四年工夫画出摩娜莉莎（今译蒙娜丽莎）的美目巧笑，在该画初完成时，当也能给予我们同样新鲜生动的感受。现在我却觉得我们古人这两句诗仍是千古如新，而油画受了时间的侵蚀，后人的补修，已只能令人在想象里追寻旧影了。我曾经坐在原画前默默领略了一小时，口里念着我们古人的诗句，觉得诗启发了画中意态，画给予诗以具体形象，诗画交辉，意境丰满，各不相下，各有千秋。

达·芬奇在这画像里突破了画和诗的界限，使画成了诗。谜样的微笑，勾引起后来无数诗人心魂震荡，感觉这双妙目巧笑，深远如海，味之不尽，天才真是无所不可。但是画和诗的分界仍是不能泯灭的，也是不应该泯灭的，各有各的特殊表现力和表现领域。探索这微妙的分界，正是近代美学开创时为自己提出了的任务。

18世纪德国思想家莱辛开始提出这个问题,发表他的美学名著《拉奥孔》(或称《论画和诗的分界》)。但《拉奥孔》却是主要地分析着希腊晚期一座雕像群,拿它代替了对画的分析,雕像同画同是空间里的造型艺术,本可相通。而莱辛所说的诗也是指的戏剧和史诗,这是我们要记住的。因为我们谈到诗往往是偏重抒情诗。固然这也是相通的,同是属于在时间里表现其境界与行动的文学。

拉奥孔是希腊古代传说里特罗亚城一个祭师,他对他的人民警告了希腊军用木马偷运兵士进城的诡计,因而触怒了袒护希腊人的阿波罗神。当他在海滨祭祀时,他和他的两个儿子被两条从海边游来的大蛇捆绕着他们三人的身躯,拉奥孔被蛇咬着,环视两子正在垂死挣扎,他的精神和肉体都陷入莫大的悲愤痛苦之中。拉丁诗人维琪尔(今译维吉尔)曾在史诗中咏述此景,说拉奥孔痛极狂吼,声震数里,但是发掘出来的希腊晚期雕像群著名的拉奥孔(现存罗马梵蒂冈博物院),却表现着拉奥孔的嘴仅微微启开呻吟着,并不是狂吼,全部雕像给人的印象是在极大的悲剧的苦痛里保持着镇定、静穆。德国的古代艺术史学者温克尔曼对这雕像群写了一段影响深远的描述,影响着歌德及德国许多古典作家和美学家,掀起了纷纷的讨论。现在我先将他这段描写介绍出来,然后再谈莱辛由此所发挥的画和诗的分界。

温克尔曼(Winckelmann)在他的早期著作《关于在绘画和雕刻艺术里模仿希腊作品的一些意见》里曾有下列一段论希腊雕刻的名句:

"希腊杰作的一般主要的特征是一种高贵的单纯和一种静穆

的伟大，既在姿态上，也在表情里。

"就像海的深处永远停留在静寂里，不管它的表面多么狂涛汹涌，在希腊人的造像里那表情展示一个伟大的沉静的灵魂，尽管是处在一切激情里面。

"在极端强烈的痛苦里，这种心灵描绘在拉奥孔的脸上，并且不单是在脸上。在一切肌肉和筋络所展现的痛苦，不用向脸上和其他部分去看，仅仅看到那因痛苦而向内里收缩着的下半身，我们几乎会在自己身上感觉着。然而这痛苦，我说，并不曾在脸上和姿态上用愤激表示出来。他没有像维琪尔在他拉奥孔（诗）里所歌咏的那样喊出可怕的悲吼，因嘴的孔穴不允许这样做（白华按：这是指雕像的脸上张开了大嘴，显示一个黑洞，很难看，破坏了美），这里只是一声畏怯的敛住气的叹息，像沙多勒所描写的。

"身体的痛苦和心灵的伟大是经由形体全部结构用同等的强度分布着，并且平衡着。拉奥孔忍受着，像索福克勒斯（Sophocles）的菲诺克太特（Philoctet）：他的困苦感动到我们的深心里，但是我们愿望也能够像这个伟大人格那样忍耐困苦。一个这样伟大心灵的表情远远超越了美丽自然的构造物。艺术家必须先在自己内心里感觉到他要印入他的大理石里的那精神的强度。希腊具有集合艺术家与圣哲于一身的人物，并且不止一个梅特罗多。智慧伸手给艺术而将超俗的心灵吹进艺术的形象。"

莱辛认为温克尔曼所指出的拉奥孔脸上并没有表示人所期待的那强烈苦痛的疯狂表情，是正确的。但是温克尔曼把理由放在希腊人的智慧克制着内心感情的过分表现上，这是他所不能同意的。

肉体遭受剧烈痛苦时大声喊叫以减轻痛苦，是合乎人情的，也是很自然的现象。希腊人的史诗里毫不讳言神们的这种人情味。维纳斯（美丽的爱神）玉体被刺痛时，不禁狂叫，没有时间照顾到脸相的难看了。荷马史诗里战士受伤倒地时常常大声叫痛。照他们的事业和行动来看，他们是超凡的英雄；照他们的感觉情绪来看，他们仍是真实的人。所以拉奥孔在希腊雕像上那样微呻不是由于希腊人的品德如此，而应当到各种艺术的材料的不同，表现可能性的不同和它们的限制里去找它的理由。莱辛在他的《拉奥孔》里说：

"有一些激情和某种程度的激情，它们经由极丑的变形表现出来，以至于将整个身体陷入那样勉强的姿态里，使它的在静息状态里具有的一切美丽线条都丧失掉了。因此古代艺术家完全避免这个，或是把它的程度降低下来，使它能够保持某种程度的美。

"把这思想运用到拉奥孔上，我所追寻的原因就显露出来了。那位巨匠是在所假定的肉体的巨大痛苦情况下企图实现最高的美。在那丑化着一切的强烈情感里，这痛苦是不能和美相结合的。巨匠必须把痛苦降低些；他必须把狂吼软化为叹息；并不是因为狂吼暗示着一个不高贵的灵魂，而是因为它把脸相在一难堪的样式里丑化了。人们只要设想拉奥孔的嘴大大张开着而评判一下。人们让他狂吼着再看看……"

莱辛的意思是并不是道德上的考虑使拉奥孔雕像不像在史诗里那样痛极大吼，而是雕刻的物质的表现条件在直接观照里显得不美（在史诗里无此情况），因而雕刻家（画家也一样）须将表现的内容改动一下，以配合造型艺术由于物质表现方式所规定的条件。这是各种艺术的特殊的内在规律；艺术家若不注意它，遵守它，就不能实现美，而美是艺术的特殊目的。若放弃了美，艺术可以供给知识，宣扬道德，服务于实际的某一目的，但不是艺术了。艺术须能表现人生的有价值的内容，这是无疑的。但艺术作为艺术而不是文化的其他部门，它就必须同时表现美，把生活内容提高、集中、精粹化，这是它的任务。根据这个任务各种艺术因物质条件不同就具有了各种不同的内在规律。拉奥孔在史诗里可以痛极大吼，声闻数里，而在雕像里却变成小口微呻了。

莱辛这个创造性的分析启发了以后艺术研究的深入，奠定了艺术科学的方向，虽然他自己的研究仍是有局限性的。造型艺术和文学的界限并不如他所说的那样窄狭、严格，艺术天才往往突破规律而有所成就，开辟新领域、新境界。罗丹就曾创造了疯狂大吼、躯体扭曲，失了一切美的线纹的人物，而仍不失为艺术杰作，创造了一种新的美。但莱辛提出问题是好的，是需要进一步作科学的探讨的，这是构成美学的一个重要部分。所以近代美学家颇有用《新拉奥孔》标名他的著作的。

我现在翻译他的《拉奥孔》里一段具有代表性的文字，论诗里和造型艺术里的身体美，这段文字可以献给朋友在美学散步中做思考资料。莱辛说：

"身体美是产生于一眼能够全面看到的各部分协调的结果。因此要求这些部分相互并列着，而这各部分相互并列着的事物正是绘画的对象。所以绘画能够、也只有它能够摹绘身体的美。

"诗人只能将美的各要素相继地指说出来，所以他完全避免对身体的美作为美来描绘。他感觉到把这些要素相继地列数出来,不可能获得像它并列时那种效果,我们若想根据这相继地一一指说出来的要素而向它们立刻凝视,是不能给予我们一个统一的协调的图画的。要想构想这张嘴和这个鼻子和这双眼睛集在一起时会有怎样一个效果是超越了人的想象力的,除非人们能从自然里或艺术里回忆到这些部分组成的一个类似的结构(白华按:读'巧笑倩兮'……时不用做此笨事,不用设想是中国或西方美人而情态如见,诗意具足,画意也具足)。

"在这里,荷马常常是模范中的模范。他只说,尼惹斯是美的,阿奚里更美,海伦具有神仙似的美。但他从不陷落到这些美的周密的啰唆的描述。他的全诗可以说是建筑在海伦的美上面的,一个近代的诗人将要怎样冗长地来叙说这美呀!

"但是如果人们从诗里面把一切身体美的画面去掉,诗不会损失过多少?谁要把这个从诗里去掉?当人们不愿意它追随一个姊妹艺术的脚步来达到这些画面时,难道就关闭了一切别的道路了吗?正是这位荷马,他这样故意避免一切片断地描绘身体美的,以至于我们在翻阅时很不容易地有一次获悉海伦具有雪白的臂膀和金色的头发(《伊利亚特》Ⅳ,第319行),正是这位诗人他仍然懂得使我们对她的美获得一个概念,而这一美的概念是远远超过了艺术在这企图中所能达到的。人们试回忆诗中那一段,当海伦到特罗亚人民的长老集会面前,那些尊贵的长老们瞥见她时,一个对一个耳边说:

"'怪不得特罗亚人和坚胫甲开人,为了这个女人这么久忍受着苦难呢,看来她活像一个青春长住的女神。'

"还有什么能给我们一个比这更生动的美的概念,当这些冷静的长老们也承认她的美是值得这一场流了这许多血,洒了那么多泪的战争的呢?

"凡是荷马不能按照各部分来描绘的,他让我们在它的影响里来认识。诗人呀,画出那'美'所激起的满意、倾倒、爱、喜悦,你就把美自身画出来了。谁能构想莎茀(今译萨福)所爱的那个对方是丑陋的,当莎茀承认她瞥见他时丧魂失魄。谁不相信是看到了美的完满的形体,当他对于这个形体所激起的情感产生了同情。

"文学追赶艺术描绘身体美的另一条路,就是这样:它把'美'转化做魅惑力。魅惑力就是美在'流动'之中。因此它对于画家不像对于诗人那么便当。画家只能叫人猜到'动',事实上他的形象是不动的。因此在它那里魅惑力会变成了做鬼脸。但是在文学里魅惑力是魅惑力,它是流动的美,它来来去去,我们盼望能再度地看到它。又因为我们一般地能够较为容易地生动地回忆'动作',超过单纯的形式或色彩,所以魅惑力较之'美'在同等的比例中对我们的作用要更强烈些。

"甚至于安拉克耐翁(希腊抒情诗人),宁愿无礼貌地请画家无所作为,假使他不拿魅惑力来赋予他的女郎的画像,使她生动。'在她的香腮上一个酒窝,绕着她的玉颈一切的爱娇浮荡着'(《颂歌》第二十八)。他命令艺术家让无限的爱娇环绕着她的温柔的腮,云石般的颈项!照这话的严格的字义,这怎样办呢?这是绘画所不能做到的。画家能够给予腮巴最艳丽的肉色;但此外他就不能再有所作为了。这美丽颈项的转折,肌肉的波动,那俊俏酒窝因之时隐时现,这类真正的魅惑力是超出了画家能力的范围了。诗人(指安拉克耐翁)是说出了他的艺术是怎样才能够把'美'对我们来形象化感性化的最高点,以便让画家能在他的艺术里寻找这个最高的表现。

"这是对我以前所阐述的话一个新的例证,这就是说,诗人即使在谈论到艺术作品时,仍然是不受束缚于把他的描写保守在艺术的限制以内的(白华按:这话是指诗人要求画家能打破画的艺术的限制,表出诗的境界来,但照莱辛的看法,这界限仍是存在的)。"

莱辛对诗(文学)和画(造型艺术)的深入的分析,指出它们的各自的局限性,各自的特殊表现规律,开创了对于艺术形式的研究。

诗中有画,而不全是画;画中有诗,而不全是诗。诗画各有表现的可能性范围,一般地说来,这是正确的。

但中国古代抒情诗里有不少是纯粹的写景,描绘一个客观境界,不写出主体的行动,甚至于不直接说出主观的情感,像王国维在《人间词话》里所说的"无我之境",但却充满了诗的气氛和情调。我随便拈一个例证并稍加分析。

唐朝诗人王昌龄一首题为《初日》的诗云:

初日净金闺,先照床前暖。
斜光入罗幕,稍稍亲丝管。
云发不能梳,杨花更吹满。

这诗里的境界很像一幅近代印象派大师的画,画里现出一座晨光射入的香闺,日光在这幅画里是活跃的主角,它从窗门跳进来,跑到闺女的床前,散发着一股温暖,接着穿进了罗帐,轻轻抚摩一下榻上的乐器——闺女所吹弄的琴瑟箫笙——枕上的如云的美发还散开着,杨花随着晨风春日偷进了闺房,亲昵地躲上那枕边的美发上。诗里并没有直接描绘这金闺少女(除非云发二字暗示着),然而一切的美是归于这看不见的少女的。这是多么艳丽的一幅油画呀!

王昌龄这首诗,使我想起德国近代大画家门采尔的一幅油画(门采尔的素描1956年曾在北京展览过),那画上也是灿烂的晨光从窗门撞进了一间卧室,乳白的光辉浸漫在长垂的纱幕上,随着落上地板,又返跳进入穿衣镜,又从镜里跳出来,抚摸着椅背,我们感到晨风清凉,朝日温煦。室里的主人是在画面上看不见的,她可能是在屋角的床上坐着。(这晨风沁人,怎能还睡?)

> 太阳的光
> 洗着她早起的灵魂,
> 天边的月
> 犹似她昨夜的残梦。
>
> (《流云小诗》)

门采尔这幅画全是诗,也全是画;王昌龄那首诗全是画,也全是诗。诗和画里都是演着光的独幕剧,歌唱着光的抒情曲,这诗和画的统一不是和莱辛所辛苦分析的诗画分界相抵触吗?

我觉得不是抵触而是补充了它，扩张了它们相互的蕴涵。画里本可以有诗（苏东坡语），但是若把画里每一根线条，每一块色彩，每一条光，每一个形都饱吸着浓情蜜意，它就成为画家的抒情作品，像伦勃朗的油画，中国元人的山水。

诗也可以完全写景，写"无我之境"。而每句每字却反映出自己对物的抚摩，和物的对话，表现出对物的热爱，像王昌龄的《初日》那样，那纯粹的景就成了纯粹的情，就是诗。

但画和诗仍是有区别的。诗里所咏的光的先后活跃，不能在画面上同时表现出来，画家只能捉住意义最丰满的一刹那，暗示那活动的前因后果，在画面的空间里引进时间感觉。而诗像《初日》里虽然境界华美，却赶不上门采尔油画上那样光彩耀目，直射眼帘。然而由于诗叙写了光的活跃的先后曲折的历程，更能丰富着和加深着情绪的感受。

诗和画各有它的具体的物质条件，局限着它的表现力和表现范围，不能相代，也不必相代。但各自又可以把对方尽量吸进自己的艺术形式里来。诗和画的圆满结合（诗不压倒画，画也不压倒诗，而是相互交流交浸），就是情和景的圆满结合，也就是所谓"艺术意境"。我在十几年前曾写了一篇《中国艺术意境之诞生》，对中国诗和画的意境做了初步的探索，可以供散步的朋友们参考，现在不再细说了。

中国文化的美丽精神往哪里去

宗白华

印度诗哲泰戈尔在国际大学中国学院的小册里曾说过这几句话:"世界上还有什么事情比中国文化的美丽精神更值得宝贵的?中国文化使人民喜爱现实世界,爱护备至,却又不致陷于现实得不近情理!他们已本能地找到了事物的旋律的秘密。不是科学权力的秘密,而是表现方法的秘密。这是极其伟大的一种天赋。因为只有上帝知道这种秘密。我实妒忌他们有此天赋,并愿我们的同胞亦能共享此秘密。"

泰戈尔这几句话里包含极精深的观察与意见,值得我们细加考察。

先谈"中国人已本能地找到了事物的旋律的秘密"。东西古代哲人都曾仰观俯察探求宇宙的秘密。但希腊及西洋近代哲人倾向于拿逻辑的推理、数学的演绎、物理学的考察去把握宇宙间质力推移的规律,一方面满足我们理知了解的需要,一方面导引西洋人,去控制物力,发明机械,利用厚生。西洋思想最后所获着的是科学权力的秘密。

中国古代哲人却是拿"默而识之"的观照态度去体验宇宙间生生不已的节奏,泰戈尔所谓旋律的秘密。《论语》上载:

子曰:"予欲无言!"子贡曰:"夫子不言,则小子何述焉?"子曰:"天何言哉。四时行焉,百物生焉,天何言哉!"(《论语·阳货》)

四时的运行,生育万物,对我们展示着天地创造性的旋律的秘密。一切在此中生长流动,具有节奏与和谐。古人拿音乐里的五声配合四时五行,拿十二律分配于十二月(《汉书·律历志》),使我们一岁中的生活融化在音乐的节奏中,从容不迫而感到内部有意义有价值,充实而美。不像现在大都市的居民灵魂里,孤独空虚,英国诗人艾利略(今译艾略特)有"荒原"的慨叹。

不但孔子,老子也从他高超严冷的眼里观照着世界的旋律。他说:"致虚极,守静笃,万物并作,吾以观其复!"

活泼的庄子也说他"静而与阴同德,动而与阳同波",他把他的精神生命体合于自然的旋律。

孟子说他能"上下与天地同流"。荀子歌颂着天地的节奏:

列星随旋,日月递照,四时代御,阴阳大化,风雨博施,万物各得其和以生,各得其养以成。

我们不必多引了,我们已见到了中国古代哲人是"本能地找到了宇宙旋律的秘密"。而把这获得的至宝,渗透进我们的现实生活，使我们生活表现礼与乐里，创造社会的秩序与和谐。我们又把这旋律装饰到我们的日用器皿上，使形下之器启示着形上之道（生命的旋律）。中国古代艺术特色表现在它所创造的各种图案花纹里，而中国最光荣的绘画艺术也还是从商周铜器图案、汉代砖瓦花纹里脱胎出来的呢！

"中国人喜爱现实世界，爱护备至，却又不致现实得不近情理。"我们在新石器时代从我们的日用器皿制出玉器，作为我们政治上、社会上及精神人格上美丽的象征物。我们在铜器时代也把我们的日用器皿，如烹饪的鼎、饮酒的爵等等，制造精美，竭尽当时的艺术技能，他们成了天地境界的象征。

我们对最现实的器具，赋予崇高的意义，优美的形式，使它们不仅仅是我们役使的工具，而是可以同我们对语、同我们情思往还的艺术境界。后来我们发展了瓷器（西人称我们是瓷国）。瓷器就是玉的精神的承续与光大，使我们在日常现实生活中能充满着玉的美。

但我们也曾得到过科学权力的秘密。我们有两大发明：火药同指南针。这两项发明到了西洋人手里，成就了他们控制世界的权力，陆上霸权与海上霸权，中国自己倒成了这霸权的牺牲品。我们发明着火药，用来创造奇巧美丽的烟火和鞭炮，使我一般民众在一年劳苦休息的时候、新年及春节里，享受平民式的欢乐。

我们发明指南针，并不曾向海上取霸权，却让风水先生勘定我们庙堂、居宅及坟墓的地位和方向，使我们生活中顶重要的"住"，能够选择优美适当的自然环境，"居之安而资之深"。我们到郊外，看那山环水抱的亭台楼阁，如入图画。中国建筑能与自然背景取得最完美的调协，而且用高耸天际的层楼飞檐及环拱柱廊、栏杆台阶的虚实节奏，昭示出这一片山水里潜流的旋律。

漆器也是我们极早的发明，使我们的日用器皿生光辉，有情韵。最近沈福文君引用古代各时期图案花纹到他设计的漆器里，使我们再能有美丽的器皿点缀我们的生活，这是值得兴奋的事。但是要能有大量的价廉的生产，使一般人民都能在日常生活中时时接触趣味高超、形制优美的物质环境，这才是一个民族的文化水平的尺度。

中国民族很早发现了宇宙旋律及生命节奏的秘密，以和平的音乐的心境爱护现实，美化现实，因而轻视了科学工艺征服自然的权力。这使我们不能解救贫弱的地位，在生存竞争剧烈的时代，受人侵略，受人欺侮，文化的美丽精神也不能长保了，灵魂里粗野了，卑鄙了，怯懦了，我们也现实得不近情理了。我们丧尽了生活里旋律的美（盲动而无秩序）、音乐的境界（人与人之间充满了猜忌、斗争）。一个最尊重乐教、最了解音乐价值的民族没有了音乐。这就是说，没有了国魂，没有了构成生命意义、文化意义的高等价值。中国精神应该往哪里去？

近代西洋人把握科学权力的秘密（最近如原子能的秘密），征服了自然，征服了科学落后的民族，但不肯体会人类全体共同生活的旋律美，不肯"参天地，赞化育"，提携全世界的生命，演奏壮丽的交响乐，感谢造化宣示给我们的创化机密，而以厮杀之声暴露人性的丑恶，西洋精神又要往哪里去？哪里去？这都是引起我们惆怅、深思的问题。

从梅花说到美

丰子恺

梅花开了！我们站在梅花前面，看到冰清玉洁的花朵的时候，心中感到一种异常的快适。这快适与收到附汇票的家信时或得到 full mark 的分数时的快适，滋味不同；与听到下课铃时的快适，星期六晚上的快适，心情也全然各异。这是一种沉静、深刻而微妙的快适。言语不能说明，而对花的时候，各人会自然感到。这就叫作"美"。

美不能说明，而只能感到。但我们在梅花前面实际地感到了这种沉静、深刻而微妙的美，而不求推究和说明，总不甘心。美的本身的滋味虽然不能说出，但美的外部的情状，例如原因或条件等，总可推究而谈论一下。现在我看见了梅花而感到美，感到了美而想谈美了。

关于"美是什么"的问题，自古没有一定的学说。俄罗斯文豪托尔斯泰曾在其《艺术论》中列述近代三四十位美学研究者的学说，而各人说法不同。要深究这个问题，当读美学的专书。现在我们只能将古来最著名的几家的学说，在这里约略谈论一下。

◇ 从梅花说到美

最初,希腊哲学家苏格拉底这样说:"美的东西,就是最适合于其用途及目的的东西。"他举房屋为实例,说最美丽的房屋,就是最合于用途、最适于住居的房屋。这的确是有理由的。房子的外观无论何等美丽,而内部不适于居人,绝不能说是美的建筑。不仅房屋为然,用具及衣服等亦是如此。花瓶的样子无论何等巧妙,倘内部不能盛水、插花,下部不能稳坐桌子上,终不能说是美的工艺品。高跟皮鞋的曲线无论何等玲珑,倘穿了走路要跌跤,终不能说是美的装束。

"美就是适于用途与目的。"苏格拉底这句话,在建筑及工艺上固然讲得通,但按到我们的梅花,就使人难解了。我们站在梅花前面,实际地感到梅花的美。但梅花有什么用途与目的呢?梅花是天教它开的,不是人所制造的,天生出它来,或许有用途与目的,但人们不能知道。人们只能站在它前面而感到它的美。风景也是如此:西湖的风景很美,但我们绝不会想起西湖的用途与目的。只有巨人可拿西湖来当镜子吧?

这样想来,苏格拉底的美学说是专指人造的实用物而说的,自然及艺术品的美都不能用他的学说来说明。梅花与西湖都很美,而没有用途与目的;姜白石(姜夔)的《暗香》与《疏影》为咏梅的有名的词,但词有什么用途与目的?苏格拉底的话很有缺陷呢!

苏格拉底的弟子柏拉图,也是思想很好的美学者。他想补足先生的缺陷,说:"美是给我们快感的。"这话的确不错。我们站在梅花前面,看到梅花的名画,读到《暗香》《疏影》的确发生一种快感,在开篇处我早已说过了。然而仔细一想,这话也未必尽然，有快感的东西不一定是美的。例如夏天吃冰淇淋，冬天捧热水袋，都有快感。然而吃冰淇淋与捧热水袋不能说是美的。肴馔入口时很有快感，然厨司不能说是美术家。罗马的享乐主义者中，原有重视肴馔的人，说肴馔是比绘画、音乐更美的艺术。但这是我们所不能首肯的话，或罗马的亡国奴的话。照柏拉图的话做去，我们将与罗马的亡国奴一样了。柏拉图自己蔑视肴馔，这样说来，绘画、音乐、雕刻等一切诉于感觉的美术均不足取了（因为柏拉图是一个轻视肉体而贵重灵魂的哲学家，肴馔是养肉体的，所以被蔑视）。故柏拉图的学说，仍不免有很大的缺陷。

于是柏拉图的弟子亚里士多德再来修补先生的学说的缺陷。但他对于美没有议论，只有对于艺术的学说。他说"艺术贵乎逼真。"这也的确是卓见。诸位上图画课时，不是尽力在要求画得像吗？小孩子看见梅花，画五个圈，我们看见了都赞道："画得很好。"因为很像梅花，所以很好。照亚里士多德的话说来，艺术贵乎自然的模仿，凡肖似实物的都是美的。这叫作"自然模仿说"，在古来的艺术论中很有势力，到今日还不失为艺术论的中心。

然而仔细一想，这一说也不是健全的。倘艺术贵乎自然模仿，凡肖似实物的都是美的，那么，照相是最高的艺术，照相师是最伟大的美术家了。用照相照出来的景物，比用手画出来的景物逼真得多，则照相应该比绘画更贵了。然而照相终是照相，近来虽有进步的美术照相，但严格地说来，美术照相只能算是摄制的艺术，不能视为纯正的艺术。理由很长，简言之，因为照相中缺乏人的心的活动，故不能成为正格的艺术。画家所画的梅花，是舍弃梅花的不美的点，而仅取其美的点，又助长其美，而表现在纸上的。换言之，画中的梅花是理想化的梅花。画中可以行理想化，而照相中不能。模仿与理想化——此二者为艺术成立的最大条件。亚里士多德的话，偏重了模仿而疏忽了理想化，所以也不是健全的学说。

以上所说，是古代最著名的三家的美学说。近代的思想家对于美有什么新意见呢？德国有真、善、美合一说及美的独立说，二说正相反对。略述如下。

近代德国美学家鲍姆嘉登（Baumgarten）说："圆满之物诉于我们的感觉的时候，我们感到美。"这句话道理很复杂了。所谓圆满，必定有种种的要素。例如梅花，仅乎五个圆圈，不能称为圆满，必有许多花，又有蕊，有枝，有干，或有盆。总之，不是单纯而是复杂的。但一味复杂而没有秩序，例如在纸上乱描了几百个圆圈，又不能称为圆满，不成为画。必须讲究布置，而有统一，方可称为圆满。故换言之，圆满就是"复杂的统一"。做人也是如此，无论何等善良的人，倘过于率直或过于曲折，绝不能有圆满的人格。必须有丰富的知识与感情，而又有统一的见解的人，方能具有圆满的人格。我们用意志来力求这圆满，就是"善"；用理智来认识这圆满，就是"真"；用感情来感到这圆满，就是"美"。故真、善、美是同一物，不过或诉于意志，或诉于理智，或诉于感情而已——这叫作真、善、美合一说。

反之，德国还有温克尔曼（Wincklmann）和莱辛（Lessing）两人，完全反对鲍姆嘉登，说美是独立的。他们说："美与真、善不同。美全是美，除美以外无他物。"

但近代美学上最重要的学说是"客观说"与"主观说"的二反对说。前者说美在于（客观的）外物的梅花上，后者说美在于（主观的）看梅花的人的心中。这种问题的探究很有趣味，现在略述之如下：

美的客观说始创于英国。英国画家霍格斯（Hogarth，今译贺加斯）说："物的形状，由种种线造成。线有直线与曲线。曲线比直线更美。"现今研究裸体画的人有"曲线美"之说，这话便是霍格斯所倡用的。霍格斯说："曲线所成的物，一定美观。故美全在于事物中。"倘问他："梅花为什么是美的？"他一定回答："因为它有很好的曲线。"

美的客观说的提倡者很多。就中有的学者曾指定美的具体的五条件，说法更为有趣。今略为申说之：

第一，形状小的——美的事物，大抵其形状是小的。女人比男人，身体大概较小，故女人大概比男人为美。英语称女性为fair sex，即"美性"。中国文学中描写美人多用小字，例如"娇小""生小"，称女子为"小姐""小鬟"，女子的名字也多用"小红""小苹"等，因为小的大都可爱。孩子们欢喜洋囝囝，大人们欢喜宝石、象牙细工，大半是因其小而可爱的缘故。我们看了梅花觉得美，也半是为了梅花形小的缘故。假如有像伞一般大的梅花，我们见了一定只觉得可惊，不感到美。我们看见婴孩，总觉得可爱。但假如婴孩同白象一样大，我们就觉得可怕了。

第二，表面光滑的——美的事物，大概表面光滑。这也可先用美人来证明。美人的第一要件是肌肤的光泽。故诗词中有"玉体""玉肌""玉女"等语。我们所以爱玉，爱宝，爱大理石，爱水晶，也是爱它们的光滑。爱云，爱雪，爱水，也是为了洁净无瑕的缘故。化妆品——雪花膏、生发油、蜜，大都是以使肤发光滑为目的的。

第三，轮廓为曲线的——这与霍格斯所说相同。曲线大概比直线为可爱。试拿一个圆的玩具和一个方的玩具同时给小孩子看，请他选择一件，他一定取圆的。人的颜面，直线多而棱角显然，不及曲线多而带圆味的好看。矗立的东洋建筑，上端加一圆的 dome（圆屋顶），比平顶的好看得多。西湖的山多曲线，故优美。云与森林的美，大半在于其周围的曲线。美人的脸必由曲线组成。下端圆肥而膨大的所谓"瓜子脸"，有丰满之感；上端膨大而下端尖削的"倒瓜子脸"，有清秀之感。孩子的脸中倘有了直线，这孩子一定不可爱。

第四，纤弱的——纤弱与小相类似，可爱的东西，大概是弱的。例如鸟、白兔、猫，大都是弱小的。在人中，女子比男子弱，小孩比大人弱。弱了反而可爱。

第五，色彩明而柔的——色彩的明，换言之，就是白的，淡的。谚云"白色隐七难"，故女子都欢喜搽粉。色的柔，就是明与暗的程度相差不可过多。由明渐渐地暗，或由暗渐渐地明，称为"柔的调子"。柔的调子大都是美的。物体受着过强的光，或过于接近光源，其明暗判然，即生刚调子。刚调子不及柔调子美观。窗上用窗帷，电灯泡用毛玻璃，便是欲减弱光的强度，使光匀和，在室中的人物上映成柔和的调子。女子不喜立在灯的近旁或太阳光中，便是欲避去刚调子。太阳下的女子罩着薄绢的彩伞，脸上的光线异常柔美。

我们倘问这班学者："梅花为什么是美的？"他们一定回答："梅花形小，瓣光泽，由曲线包成，纤弱，色又明柔，故美。"这叫作"美的客观说"。这的确有充足的理由。

反之，美的主观说始倡于德国。康德（Kant）便是其大将。据康德的意见，美不在于物的性质，而在于自己的心的如何感受。这话也很有道理——人们都觉得自己的子女可爱，故有语云："癞痢头儿子自己的好。"人们都觉得自己的恋人可爱，故有语云："情人眼里出西施。"这种话中含有很深的真理。法兰西的诗人波德莱尔（Baudelaire）有一首诗，诗中描写自己死后，尸骸上生出蛆虫来，其蛆虫非常美丽。可知心之所爱，蛆虫也会美起来。

我们站在梅花前面，而感到梅花的美，并非梅花的美，正是因为我们怀着欣赏的心的缘故。作《暗香》《疏影》的姜白石站在梅花前面，其所见的美一定比我们更多。计算梅花有几个瓣与几个蕊的博物学者，对梅花全不感到其美。挑了盆梅而在街上求售的卖花人，只觉得重的担负。

感到美的时候，我们的心情如何？极简要地说来，即须舍弃理智的念头，而仅用感情来迎受。美是要用感情来感到的。博物先生用了理智之念而对梅花，卖花人用了功利之念而对梅花，故均不能感到其美。故美的主观说，是不许人们想起物的用途与目的的。这与前述的苏格拉底的实用说恰好相反，但这当然是比希腊时代更进步的思想。

康德这学说，名为"无关心说"（Disinterestedness）。无关心，就是说美的创作或鉴赏的时候不可想起物的实用的方面，描盆景时不可专想吃苹果，看展览会时不可专想买画，而用欣赏与感叹的态度，把自己的心没入在对象中。

以上所述的客观说与主观说，是近代美学上最重要的二反对说。每说各有其根据。禅家有"幡动，心动"的话，即看见风吹幡动的时候，一人说是幡动，又一人说是心动。又有"钟鸣，撞木鸣"的话，即敲钟的时候，或可说钟在发音，或可说是撞木在发音。究竟是幡动抑心动？钟鸣抑撞木鸣？照我们的常识想来，两者不可分离，不能偏说一边，这是与"鸡生卵，卵生鸡"一样的难问题。应该说"幡与心共动，钟与撞木共鸣"。这就是德国的席勒（Schiller）的"美的主客观融合说"。

融合说的意见：梅花原是美的，但倘没有能领略这美的心，就不能感到其美；反之，颇有领略美感的心，而所对的不是梅花而是一堆鸟粪，也就不能感到美。故美不能仅用主观或仅用客观感得，二者同时共动，美感方始成立。这是最充分圆满的学说，世间赞同的人很多。席勒以后的德国学者，例如海格尔（Hegel，今译黑格尔）、叔本华（Schopenhauer）、哈特曼（Hartmann）等，都是信从这融合说的。

以上把古来关于美的最著名的学说大约说过了，但这不过是美的外部的情状，不是美本身的滋味。美的滋味，在口上与笔上绝不能说出，只得由各人自己去实地感受了。

"慢慢走，欣赏啊！"——人生的艺术化

朱光潜

一直到现在，我们都是讨论艺术的创造与欣赏。在这一节中，我提议约略说明艺术和人生的关系。

我在开章明义时就着重美感态度和实用态度的分别，以及艺术和实际人生之间所应有的距离，如果话说到这里为止，你也许误解我把艺术和人生看成漠不相关的两件事。我的意思并不如此。

人生是多方面而却相互和谐的整体，把它分析开来看，我们说某部分是实用的活动，某部分是科学的活动，某部分是美感的活动，为正名析理起见，原应有此分别；但是我们不要忘记，完满的人生见于这三种活动的平均发展，它们虽是可分别的而却不是互相冲突的。"实际人生"比整个人生的意义较为窄狭。一般人的错误在把它们认为相等，以为艺术对于"实际人生"既是隔着一层，它在整个人生中也就没有什么价值。有些人为维护艺术的地位，又想把它硬纳到"实际人生"的小范围里去。这般人不但是误解艺术，而且也没有认识人生。我们把实际生活看作整个

人生之中的一片段，所以在肯定艺术与实际人生的距离时，并非肯定艺术与整个人生的隔阂。

严格地说，离开人生便无所谓艺术，因为艺术是情趣的表现，而情趣的根源就在人生；反上，离开艺术也便无所谓人生，因为凡是创造和欣赏都是艺术的活动，无创造、无欣赏的人生是一个自相矛盾的名词。

人生本来就是一种较广义的艺术。每个人的生命史就是他自己的作品。这种作品可以是艺术的，也可以不是艺术的，正犹如同是一种顽石，这个人能把它雕成一座伟大的雕像，而另一个人却不能使它"成器"，分别全在性分与修养。知道生活的人就是艺术家，他的生活就是艺术作品。

过一世生活好比做一篇文章。完美的生活都有上品文章所应有的美点。

首先，一篇好文章一定是一个完整的有机体，其中全体与部分都息息相关，不能稍有移动或增减。一字一句之中都可以见出全篇精神的贯注。比如陶渊明的《饮酒》诗本来是"采菊东篱下，悠然见南山"，后人把"见"字误印为"望"字，原文的自然与物相遇相得的神情便完全丧失。这种艺术的完整性在生活中叫作"人格"。凡是最完美的生活都是人格的表现。大而进退取与，小而声音笑貌，都没有一件和全人格相冲突。不肯为五斗米折腰向乡里小儿，是陶渊明的生命史中所应有的一段文章，如果他错过这一个小节，便失其为陶渊明。下狱不肯脱逃，临刑时还叮咛嘱咐还邻人一只鸡的债，是苏格拉底的生命史中所应有的一段文章，否则他便失其为苏格拉底。这种生命史才可以使人把它当作一幅图画去惊赞，它就是一种艺术的杰作。

其次，"修辞立其诚"是文章的要诀，一首诗或是一篇美文一定是至性深情的流露，存于中然后形于外，不容有丝毫假借。情趣本来是物我交感共鸣的结果。景物变动不居，情趣亦自生生不息。我有我的个性，物也有物的个性，这种个性又随时地变迁而生长发展。每人在某一时会所见到的景物，和每种景物在某一时会所引起的情趣，都有它的特殊性，断不容与另一人在另一时会所见到的景物，和另一景物在另一时会所引起的情趣完全相同。毫厘之差，微妙所在。在这种生生不息的情趣中，我们可以见出生命的创化。把这种生命流露于语言文字，就是好文章；把它流露于言行风采，就是美满的生命史。

文章忌俗滥，生活也忌俗滥。俗滥就是自己没有本色而蹈袭别人的成规旧矩。西施患心病，常捧心颦眉，这是自然的流露，所以愈增其美。东施没有心病，强学捧心颦眉的姿态，只能引人嫌恶。在西施是创作，在东施便是滥调。滥调起于生命的干枯，也就是虚伪的表现。"虚伪的表现"就是"丑"，克罗齐已经说过。"风行水上，自然成纹"，文章的妙处如此，生活的妙处也是如此。**在什么地位，是怎样的人，感到怎样情趣，便现出怎样言行风采，叫人一见就觉其谐和完整，这才是艺术的生活。**

俗语说得好，"唯大英雄能本色"。所谓艺术的生活就是本色的生活。世间有两种人的生活最不艺术，一种是俗人，一种是伪君子。"俗人"根本就缺乏本色，"伪君子"则竭力遮盖本色。朱晦庵（朱熹）有一首诗说：

> 半亩方塘一鉴开，天光云影共徘徊。
> 问渠那得清如许？为有源头活水来。

艺术的生活就是有"源头活水"的生活。俗人迷于名利，与世浮沉，心里没有"天光云影"，就因为没有源头活水。他们的大病是生命的干枯。"伪君子"则于这种"俗人"的资格之上，又加上"沐猴而冠"的伎俩。他们的特点不仅见于道德上的虚伪，一言一笑，一举一动，都叫人起不美之感。谁知道风流名士的架子之中掩藏了几多行尸走肉？无论是"俗人"或是"伪君子"，他们都是生活中的"苟且者"，都缺乏艺术家在创造时所应有的良心。像柏格森所说的，他们都是"生命的机械化"，只能作喜剧中的角色，生活落到喜剧里去的人大半都是不艺术的。

艺术的创造之中都必寓有欣赏，生活也是如此。一般人对于一种言行常欢喜说它"好看""不好看"，这已有几分是拿艺术欣赏的标准去估量它。但是一般人大半不能彻底，不能拿一言一笑、一举一动纳在全部生命史里去看，他们的"人格"观念太淡薄，所谓"好看""不好看"往往只是"敷衍面子"。善于生活者则彻底认真，不让一尘一芥妨碍整个生命的和谐。一般人常以为艺术家是一班最随便的人，其实在艺术范围之内，艺术家是最严肃不过的。在锻炼作品时常呕心呕肝，一笔一画也不肯苟且。王荆公作"春风又绿江南岸"一句诗时，原来"绿"字是"到"字，后来由"到"字改为"过"字，由"过"字改为"入"字，由"入"字改为"满"字，改了十几次之后才定为"绿"字。即此一端可以想见艺术家的严肃了。

善于生活者对于生活也是这样认真。曾子临死时记得床上的席子是季路的，一定叫门人把它换过才瞑目。吴季札心里已经暗许赠剑给徐君，没有实行徐君就已死去，他很郑重地把剑挂在徐君墓旁树上，以见"中心契合死生不渝"的风谊。像这一类的言行看来虽似小节，而善于生活者却不肯轻易放过，正犹如诗人不肯轻易放过一字一句一样。小节如此，大节更不消说。董狐宁愿断头不肯掩盖史实，夷齐（伯夷、叔齐）饿死不愿降周，这种风度是道德的，也是艺术的。我们主张人生的艺术化，就是主张对于人生的严肃主义。

艺术家估定事物的价值，全以它能否纳入和谐的整体为标准，往往出于一般人意料之外。他能看重一般人所看轻的，也能看轻一般人所看重的。在看重一件事物时，他知道执着；在看轻一件事物时，他也知道摆脱。艺术的能事不仅见于知所取，尤其见于知所舍。苏东坡论文，谓如水行山谷中，行于其所不得不行，止于其所不得不止。这就是取舍恰到好处。艺术化的人生也是如此。善于生活者对于世间一切，也拿艺术的口胃去评判它，合于艺术口胃者毫毛可以变成泰山，不合于艺术口胃者泰山也可以变成毫毛。他不但能认真，而且能摆脱。在认真时见出他的严肃，在摆脱时见出他的豁达。

孟敏堕甑，不顾而去，郭林宗见到以为奇怪。他说，"甑已碎，顾之何益？"哲学家斯宾诺莎宁愿靠磨镜过活，不愿当大学教授，怕妨碍他的自由。王徽之居山阴，有一天夜雪初霁，月色清朗，忽然想起他的朋友戴逵，便乘小舟到剡溪去访他，刚到门口便把船划回去。他说："乘兴而来，兴尽而返。"这几件事彼此相差很远，却都可以见出艺术家的豁达。伟大的人生和伟大的艺术都要同时并有严肃与豁达之胜。晋代清流大半只知道豁达而不知道严肃，宋朝理学又大半只知道严肃而不知道豁达。陶渊明和杜子美庶几算得恰到好处。

一篇生命史就是一种作品。从伦理的观点看，它有善恶的分别，从艺术的观点看，它有美丑的分别。善恶与美丑的关系究竟如何呢？

就狭义说，伦理的价值是实用的，美感的价值是超实用的；伦理的活动都是有所为而为，美感的活动则是无所为而为。比如，仁义忠信等都是善，问它们何以为善，我们不能不着眼到人群的幸福。美之所以为美，则全在美的形象本身，不在它对于人群的效用（这并不是说它对于人群没有效用）。假如世界上只有一个人，他就不能有道德的活动，因为有父子才有慈孝可言，有朋友才有信义可言。但是这个想象的孤零零的人，还可以有艺术的活动，还可以欣赏他所居的世界，还可以创造作品。善有所赖而美无所赖，善的价值是"外在的"，美的价值是"内在的"。不过这种分别究竟是狭义的。就广义说，善就是一种美，恶就是一种丑。因为伦理的活动也可以引起美感上的欣赏与嫌恶。

希腊大哲学家柏拉图和亚里士多德讨论伦理问题时，都以为善有等级，一般的善虽只有外在的价值，而"至高的善"则有内在的价值。这所谓"至高的善"究竟是什么呢？柏拉图和亚里士多德本来是一走理想主义的极端，一走经验主义的极端，但是对于这个问题，意见却一致。他们都以为"至高的善"在"无所为而为的玩索"（Disinterested Contemplation）。这种见解在西方哲学思潮上影响极大，斯宾诺莎、黑格尔、叔本华的学说都可以参证。从此可知西方哲人心目中的"至高的善"还是一种美，最高的伦理的活动还是一种艺术的活动了。

"无所为而为的玩索"何以看成"至高的善"呢？这个问题涉及到西方哲人对于神的观念。从耶稣教盛行之后，神才是一个大慈大悲的道德家。在希腊哲人以及近代莱布尼兹、尼采、叔本华诸人的心目中，神却是一个大艺术家。他创造这个宇宙出来，全是为着自己要创造，要欣赏。其实这种见解也并不减低神的身份。耶稣教的神只是一班穷叫化子中的一个肯施舍的财主佬，而一般哲人心中的神，则是以宇宙为乐曲而要在这种乐曲之中见出和谐的音乐家。这两种观念究竟是哪一个伟大呢？在西方哲人想，神只是一片精灵，他的活动绝对自由而不受限制，至于人则为肉体的需要所限制而不能绝对自由。人愈能摆脱肉体需求的限制而作自由活动，则离神亦愈近。"无所为而为的玩索"是唯一的自由活动，所以成为最上的理想。

这番话似乎有些玄渺，在这里本来不应说及。不过无论你相信不相信，有许多思想却值得当作一个意象悬在心眼前来玩味玩味。我自己在闲暇时也欢喜看看哲学书籍。老实说，我对于许多哲学家的话都很怀疑，但是我觉得他们有趣。我以为穷到究竟，一切哲学系统也都只能当作艺术作品去看。哲学和科学穷到极境，都是要满足求知的欲望。每个哲学家和科学家对于他自己所见到的一点真理（无论它究竟是不是真理）都觉得有趣味，都用一股热忱去欣赏它。真理在离开实用而成为情趣中心时就已经是美感的对象了。"地球绕日运行""勾方加股方等于弦方"一类的科学事实，和《密罗斯爱神》或《第九交响曲》一样可以摄魂震魄。科学家去寻求这一类的事实，穷到究竟，也正因为它们可以摄魂震魄。所以科学的活动也还是一种艺术的活动，不但善与美是一体，真与美也并没有隔阂。

艺术是情趣的活动，艺术的生活也就是情趣丰富的生活。人可以分为两种：一种是情趣丰富的，对于许多事物都觉得有趣味，而且到处寻求享受这种趣味。一种是情趣干枯的，对于许多事物都觉得没有趣味，也不去寻求趣味，只终日拼命和蝇蛆在一块争温饱。后者是俗人，前者就是艺术家。情趣愈丰富，生活也愈美满，所谓人生的艺术化就是人生的情趣化。

"觉得有趣味"就是欣赏。你是否知道生活，就看你对于许多事物能否欣赏。欣赏也就是"无所为而为的玩索"。在欣赏时，人和神仙一样自由，一样有福。

阿尔卑斯山谷中有一条大汽车路，两旁景物极美，路上插着一个标语劝告游人说："慢慢走，欣赏啊！"许多人在这车如流水马如龙的世界过活，恰如在阿尔卑斯山谷中乘汽车兜风，匆匆忙忙地急驰而过，无暇一回首流连风景，于是这丰富华丽的世界便成为一个了无生趣的囚牢。这是一件多么可惋惜的事啊！

朋友，在告别之前，我采用阿尔卑斯山路上的标语，在中国人告别习用语之下加上三个字奉赠："慢慢走，欣赏啊！"

充实谓美说

傅东华

这次讲的这个题目,出在《孟子·尽心下》,那一章的全文是:

浩生不害问曰:"乐正子何人也?"孟子曰:"善人也,信人也。""何谓善?何谓信?"曰:"可欲之谓善,有诸己之谓信,充实之谓美,充实而有光辉之谓大,大而化之之谓圣,圣而不可知之之谓神。乐正子,二之中,四之下也。"

这里,孟子分人为六等,便已构成一个伦理学上或是心理学上关于人格研究的题目;若要拿这章书的全文加以详细解释,当然是这里的篇幅所不容许的,而且也与国文讲座的本旨不符。现在只能把"充实之谓美"一句单独摘出来讲一讲,虽然是片断,却与孟子的整个思想体系并不相违。至于我们所要着眼的一点,当然是在"什么是美"这一个问题。

我们先从常识来观察,似乎这个题目里面的字眼是没有一个需要解释的。我们常说一本书或一篇文章的内容充实或不充实，意思也就等于那本书或那篇文章美不美。那么，说内容充实的就是美的，内容不充实的就是不美的，似乎已经很明白，无须乎再加解释了。但经仔细一想，就要想起许多问题来，而且都是不容易回答的。比如：怎样叫作文章的内容？怎样叫作充实？怎样的内容才算充实？为什么充实就是美，不充实就不能美？而且，美到底是怎么一件东西呢？像《两京赋》《三都赋》中山水草木、鸟兽虫鱼的名字，还有许多平常不经眼的字面，就能算是充实吗？或者必须要像《老子》或是《资本论》那样包含着许多深奥"思想"的著作才算充实呢？至如"举头望明月，低头思故乡"那样的小诗，似乎并没有多大内容的，又为什么向来人都承认它是美的呢？像这大串的问题，尽可以同抽丝一般愈抽愈远，又都不是三言两语回答得尽，就可见这"充实之谓美"五个字的意义，也绝不是单凭一点常识可以解释得尽了。

但是认真要把这句话解它一个彻底，那就简直要写出一部美学书来，或者至少得把历来的美学学说略叙一叙，这又都是这里的篇幅所不容许的。所以我们现在唯有采取快刀斩乱麻的办法，一面拿现代最新的美学学说做一个根据，一面拿孟子自己的话以及其他古书里跟这有关系的话，彼此参校印证起来，以期对于美学向来没有研究的人们，也可以从这句话里悟出一个关于美的明确的观念。

所谓现代最新的美学学说，是指现代英国批评家吕嘉慈教授（Professor I. A. Richards）的学说而言。我之所以不采别人，单采这人的学说，一来是因为他的学说已经成为现代西洋美学学说的权威，直到现在还没有另一个人的学说能够驾乎其上；二来因为他的学说取之于我们自己的《中庸》，最容易跟我们自己历来的见解相融洽。

吕氏学说的最重要一点，就是把向来人对于美的错误观念矫正过来。照向来人的见解，无论他是一个仅具常识的普通人，或是一个美学的学者，总都把美看成一种为美的事物所特具的品性，例如风景的美就是客观存在于那风景里的一种属性，人物的美就是那人物本身所具备的一种品德。吕氏独以为不然。他把美从客观方面移到主观方面来，以为美并不在事物身上，却在我们人自己身上；美只是我们人的一种特殊的经验，或一种特殊的心理状态。如我们看花，说花美，这"美"字所代表的是我们主观方面的情形，不是那花客观方面的本质。所以在吕氏的学说里，"美"（Beauty）这个字几乎已可废去不用，代替它的就是"美的经验"（Aesthetic Experience）这名词。

关于美的观念，经过这一下地位迁移，一面是使西洋数千年来聚讼不休的美学学说得到一个较可满意的解决，同时也使人类的艺术生活和其他一切方式的（如道德的、理智的、经济的等）生活发生比较密切的关系。不致独把艺术的活动幽闭在象牙之塔。吕氏学说的最大贡献就在于此。但其实，这种学说对于我们中国人的重要，倒不如对于他们西洋人的重要来得大，因为我们中国人根本不会企图建造一种美学的学说，所以根本就不会误认美是一种客观的品性。若说我们中国人也曾有过一点关于美的本质的思考，那倒是跟吕氏的学说比较相近的。

第一，从我们这个"美"字的语源上看，《说文》（四上）

《羊部》说:"美,甘也,从羊从大;羊在六畜主给膳也;美与善同意。"徐铉解云:"羊大则美。"但是既有一个"大"字形容羊的客观的品德,为什么又要造出一个"美"字来形容呢?这就可见得"美"与"大"所代表的方面不同。羊大,吃起来才觉得美,"大"是羊的品德,"美"是吃大羊时的经验,故"美"训"甘",而"甘"从口从一,这一条训说里当然是代表一块羊肉了。这样看来,岂不是古人造这"美"字的时候,早就明白它是我们人主观方面的一种经验了吗?

这个美的主观性,到了道家的哲学里就被特别强调起来,所以《庄子·齐物论》说:"毛嫱、丽姬,人之所美也,鱼见之深入,鸟见之高飞,麋鹿见之决骤。四者孰知天下之正色哉?"而我们现在也有"情人眼里出西施"这句俗语。

后来三国时代的嵇康,作过一篇《声无哀乐论》,将这层道理开发得更是透彻。他说:"夫会宾盈堂,酒酣奏琴,或忻然而欢,或惨尔而泣,非进哀于彼,导乐于此也;其音无变于昔,而欢戚并用,斯非'吹万不同'邪?夫唯无主于喜怒,亦应无主于哀乐,故欢戚俱见;若资偏固之音,含一致之声,其所发明,各当其分,则焉能兼御群理,总发众情邪?由是言之,声音以平和为体,而感物无常,心志以所俟为主,应感而发;然则声之与心,殊途异轨,不相经纬,焉能染太和于欢戚,缀虚名于哀乐哉?"嵇康的这种见解,显然是从道家传来的。至于儒家,并不把这种主观性看得很重,所以孟子说:"目之于色也,有同美焉。"又说:"不知子都之姣者,无目者也。"(《孟子·告子上》)

这是儒家要把"凡同类者，举相似也"一点做他们的教育学说和伦理学说的根据之故。但这跟我们现在的题目无关，可以无须加以详细解说。我们只消把日常文字所用的词面，如美色谓之"悦目"，美声谓之"悦耳"，美味谓之"悦口"之类，细细体味一番，也就可见吕氏的这种学说是早经我们承认的了。

　　所以我们其次就要问：所谓"美的经验"到底是怎样一种经验呢？它跟别种经验的区别在哪里呢？关于这，吕氏就引我们《中庸》里的两句话来回答了。《中庸》的开头就说："喜怒哀乐之未发，谓之中；发而皆中节，谓之和。"吕氏将这"中"字译作了"Equilibrium"，"和"字译作了"Harmony"，而以为凡是包含着"Equilibrium"的经验便是"美的经验"。

　　"Equilibrium"这词平常译作"平衡"，本是一个物理学的名词。凡是一种力或一种动作而有其他同量的力或动作和它对待而相消，便叫作"平衡"。比如天平，两端的重量相等，就成平衡状态了。近来几年中，方才有人把这名词搬到心理学里来，以为凡人身上有一个冲动（Impulse）起来的时候，便成不平衡的状态，必等那个冲动消止了，方才能恢复平衡。消止冲动的方式不外三种。

　　其一是使冲动发为实际的行动，例如我们有时觉得苦闷极了，要大哭一场痛快，哭了那冲动就消止了。

　　其二是冲动的制止（Inhibition），就是明知那冲动不便发为实际的行动，而将它硬压下去，例如在严肃的集会时压下要笑的冲动。显然，这种制止作用常要伴随着一种不快的情感，而且制止的次数太多了，或是太强烈了，很容易引起危险的反动。我们看见有些人向来循规蹈矩，到老年反而十分荒唐起来，以至于无法救治，便是平时对于冲动制止过度的结果。

至于第三种消止冲动的方式，就是将同时发生的几个不同的或甚至于互相冲突的冲动用妥善的方法组织起来，而使它们成为一种平衡的状态，既无须发为实际的行动，也用不着将其中的某一部分硬加制止，却能使它们彼此和谐，各得其所。这样，就构成了"美的经验"了，因为心理的冲突便是丑恶，所以心理的平衡便是美。

这种平衡的心境，用我们平常说话里的字面描写起来，便只消用一个"安"字。我们做了一桩事，有时说自己已经"心安理得"，"心安"就是没有遗憾的意思，既然没有遗憾，就是自己的各种冲动都已在某一种组织之下得到满足了。有时我们说："我这碗饭吃得不安。"这就是说，吃饭的冲动固然已经满足，却还有和吃饭相关联的其他几种冲动（比如说自尊心之类）被制止了得不到满足。《孟子·告子上》说："一箪食，一豆羹，得之则生，弗得则死。呼尔而与之，行道之人弗受；蹴尔而与之，乞人不屑也。"也无非为这"一箪食，一豆羹"吃了不能"安"，不能得到心境"平衡"的缘故。

在各种艺术（特别是文学）的批评文字里，也往往要用到这个"安"字。我们看见一个字定义下得不好，或是一条注解做得不好，常说"这字未安"或"于义未安"。这也就是描写我们的心境未能平衡。大凡读文学作品，如一首诗或一篇小说，我们并非单单用视觉，却是要运用全身的器官去反应的，因而在阅读的过程中，就要连续不断地发生各部分的冲动，而要求逐一满足

（如读诗时一路要求着我们所期待的以下一个音节，读小说时一路要求着满足我们的好奇心）。若是有任何一个冲动未能满足，读完之后就不能得到心境的完全平衡，因而就认为那作品尚有遗憾。这些例子都足以帮助我们理解"平衡"一语的意蕴。

但是说了半天，还没有说到我们现在的题目上来，因为吕氏说的只是"心境平衡之谓美"，这跟"充实之谓美"又有什么相干呢？要回答这个问题，就须先懂得"平衡"一语的另一重要的含义。所谓"平衡"，并不是各种冲动的互相"消克"，乃是各种冲动的互相"组织"。倘使各种冲动互相消克了，那么我们的心境就要像一塘死水一般，绝不能构成美的经验。所以吕氏说："平衡状态并不就是被动、迟钝，或是过度刺激，或是互相冲突等的状态，因此，大多数人之不满于将涅槃（Nirvana）、恍惚（Ecstasy）、升华（Sublimation）或与自然合一（Atoneness with Nature）等名称被误认为美，那是正当的。"反之，在美的经验之中，倒要把多数的冲动运用起来，而使之合一。所以吕氏又说："当我们认识到美的时候，我们所运用的冲动愈多，便愈成为我们自己。"（As we realize beauty we become more fully ourselves the more our impulses are engaged. Ibid.）将这句话改了一个方向，那就是说：我们的生活愈是充实，我们所经验到的美便愈丰富。经这一说，就已一鞭打到我们现在的题目上了。

于是我们只消问：为什么"我们所运用的冲动愈多，便愈充分地成为我们自己"呢？这也可用孟子的话来回答。《孟子·告子上》说："人之于身也，兼所爱。兼所爱，则兼所养也。无尺寸之肤不爱焉，则无尺寸之肤不养也。所以考其善不善者,岂有他哉?于己取之而已矣。"这就是说,我们人身上有五官百体,这五官百体都要求着我们去养它,便都要发生冲动,我们须要使各部分的冲动都能得到满足,不能够顾此失彼,以致有所偏枯。能够办到这样,当然浑身感到舒适了;即使有时办不到,也必须采取一种适当的组织,总期能使最大多数的冲动都来参加,而且都得到满足。吕氏的平衡说也就是这样的,所以又名"同感说"。同感就是使全身的各部分同时去反应一个刺激,而共同构成一个美的经验的意思。例如听音乐,好像只用耳官,其实当我们全神贯注进去的时候,就是我们全身的一切部分对那音调的刺激起了反应而得到平衡了的。

不过,在实际的生活中,为了生理的缺憾,或是环境的限制,如上所述的那种十全十美的境界,是我们人一生之中难得有几次碰到的,因此我们平时不得不讲求各部分的组织,不得不练习各冲动的调停。所谓人格修养就是这么一回事,所谓艺术修养也不外是这么一回事。多数人懂得这种道理,大都是头痛医头,脚痛医脚(就是穷则忙于救穷,富则劳于纵欲),而结果是一样也不能安置妥帖,以致一辈子都葬送在烦闷、冲突的心境之中,实在是再可伤心不过的事。

关于这,孟子教给我们的方法是:"体有贵贱,有大小。无以小害大,无以贱害贵。"(《孟子·告子上》)这就是说,当我们的各种冲动不能全部得到满足的时候,我们就须从中有个大小、贵贱的分等抉择。照孟子的意思,大的、贵的就是精神的生活,小的、贱的就是物质的生活;能够顾到大的、贵的而牺牲了小的、贱的,孟子算他是"大人",反之便是"小人"。所以他说：" 饮食之人，则人贱之矣，为其养小以失大也。"又说："耳目之官不思，而蔽于物。物交物，则引之而已矣。心之官则思，思则得之，不思则不得也，此天之所与我者。先立乎其大者，则其小者弗能夺也。此为大人而已矣。"（《孟子·告子上》）

但是孟子这样区别了精神生活和物质生活的价值，还不算是他给伦理学的最大贡献，他的最大贡献在于他的主张"多官"的生活。因此，他的关于美的见解，已比孔子的更进一步了。因为在原始的时代，"美"与"善"当然不分，都属物质方面的满足（见前引《说文》"美"字训）。到了孔子手里，"美"与"善"方才分开来，但是孔子的"美"还只是感官的满足，"善"总是纯精神的、纯道理的，因而在孔子心目中，"美"的价值不如"善"，所以"子谓《韶》尽美矣，又尽善也；谓《武》尽美矣，未尽善也"（《论语·八佾》）。

孟子则发现了美的经验并不限于感官，这才把"充实之美"的价值抬高到"可欲之善"的上边去。他说乐正子只够得上说"善"，还够不上说"美"，意思大约是说乐正子不过能够循规蹈矩地做一个人，而在循规蹈矩做人的历程中，总难免有时要把自己认为不善的冲动制止住了，不敢发为实际的行为，这样，他的生活就不能完全充实了，因而就够不上说"美"了。

那么，一个人的生活怎样才能充实起来呢？孟子的回答是："人能充无欲害人之心，而仁不可胜用也；人能充无穿窬之心，而义不可胜用也；人能充无受尔汝之实，无所往而不为义也。"（《孟子·尽心下》）这也无非是他的"养吾浩然之气"的方法。但是寻常人看见这个"气"字，总要联想到空气上去，或是联想到橡皮车胎里的气或是皮球里的气上去，因而要觉得"养气"和"充实生活"是两件极不相干的事情。殊不知孟子的所谓养气，不外是增富精神的经验，所以和充实生活正是一件事。

孟子教人养气的方法有两个要点：其一是教人知道气是"集义所生者，非义袭而取之也；行有不慊于心，则馁矣"。（《孟子·公孙丑上》）"集义"就是"充实"，"不慊"就是不安，不安所以要"馁"。他又说："气，体之充也。"岂不明明白白地指示我们，充实生活的方法就是养气吗？还有一个要点，就是"必有事焉而勿正"。"必有事焉"就是实际去体验，这不又是充实生活吗？懂得了充实的生活不外是养气，那么，充实的生活所以必美的道理也就不难懂得了。因为一个人在实际经验之中将这种"浩然之气"养成了之后，他就能够"弗受""弗屑""呼尔"或"蹴尔"之食，就能够"虽千万人，吾往矣"。即使退一步说，也总已能够"发愤忘食，乐以忘忧，不知老之将至"。你想一个人的生活还能有比这再美的境界吗？

不过这种"必有事焉而勿正"的养气方法，是不能够普遍适用的。因为在有些人的生活里，为了环境或职业的关系，那"所事"的范围难免要被限制得非常狭小，他们就没有很多机会可以充实自己的生活了。因此，这种"所事"范围的缺陷，必须有一种东西来弥补它，这种弥补的东西就是艺术。

一个人每天清醒的时间，一部分被衣食住行四个字占据了去，其余则消磨在按部就班的做事或学习之中，所以从实际生活里可以得到美的经验的机会实在很少。唯有跨进了艺术之门，然后"清风明月不用一钱买"（李白《襄阳歌》），要得美的经验就可以取之无穷，用之不竭。而且唯有在艺术的活动里，心境的平衡方能达到最圆满的境界，因为在真正欣赏艺术的顷刻，虽则你所运用的只是某一特殊的官能，但是那种一志凝神的心境（就是使你完全成为你自己的那种境界），是你在实际生活里无论什么地方都遇不到的。所以一个人若是希望自己的生活充实起来，至少得把一部分的时间分配给艺术的活动。

艺术活动中的美的经验和实际生活中的美的经验有一个主要差别点，就是所运用的冲动范围有广狭，因而也就是充实的程度有高低。我们吃了一顿很美的饭，虽然也可以使得浑身感主要冲动实只限于味官，而且我们平常吃饭的时候，总不会去想这顿饭应不应该去吃，或是应不应该吃得这么好，因而在当时，我们的"心之官"照例是不用的。这从美学的眼光看起来，就算不得一种充实的经验，因而也算不得一种美的经验。为了这个理由，所以真正的美的经验唯有从艺术的活动里方能得到。

艺术活动中的美的经验还有一个特征，就是那经验中的一切冲动都以冲动为止境，并不发为实际行动的。吕氏说："在平衡的状态中，就不会有发为实际行动的倾向。"艺术家之将美的经验具体化为艺术品，乃是另一个具体化冲动（即创作艺术）的结果，并不是那平衡作用中的一部分（这等后文再详说）。至于艺术欣赏者方面，其没有将美的经验发为实际行动的倾向，就更不待说了。一个艺术欣赏者看见一幅美人画像时，如果他是抱着真正欣赏的态度，而那画像又是一件真正的艺术品，那么他绝不会发生要与那画中美人去亲嘴的冲动。《随园诗话》（卷三）记陈楚南《题背面美人图》诗云："美人背倚玉阑杆，惆怅花容一见难。

几度唤她她不转，痴心欲掉画图看。"《随园》说这首诗"妙在皆孩子语"，我却说这位诗人还不十分懂得审美的态度，因为他"欲掉画图"，便足见他的冲动还未达到完全平衡的状态。若说他之写出这首诗便是他那"欲掉画图"的冲动的一个平衡作用，那也通，但究不是美的经验中的上乘了（理由详后）。

艺术美的经验中的这种止于冲动的状态，心理学家名之为"态度"，所以美的经验也有人称为"美的态度"（Aesthetic attitude）。懂得了这层道理，方才解得《中庸》"喜怒哀乐之未发，谓之中"那句话，而孟子说的"持其志，无暴其气"，也不难懂得它是一种美的态度了。从前宋朝人对于"已发""未发"的解释曾经打过不少笔墨官司，而终得不到一个明白的解决。我们现在得到现代心理学的帮助，想来这桩公案不难了结了。至于孟子的"无暴其气"曾被宋儒拿佛学的眼光误解作一种"制止作用"，现在也可以并案办理。

艺术活动和实际活动中的美的经验，虽然有这种种的异点，但是两者之间仍旧有很广阔的道路可以交通，并不是彼此划境封疆，老死不相往来的。唯此之故，所以孟子为一般人格修养说法的养气论，后来就被韩愈应用到艺术修养（特别是文学修养）上去了。孟子说了一句"充实之谓美"，韩愈便译作了"根之茂者其实遂，膏之沃者其光晔"（《答李翊书》）。孟子说了一句"必有事焉而勿正"，韩愈便疏作了"行之乎仁义之途，游之乎《诗》《书》之源"（同上）。这些从那一般修养搬场到艺术修养的过程中，总算都没有走样。只是孟子的"持其志，无暴其气"一句，韩愈似乎并没有十分了解，因而孟子的"气"竟被他看成了一种

"刺激",而孟子的"养气"也被他解成"打气"了!

何以见得呢?你看他在《送高闲上人序》里,说那"善草书"的艺术家张旭是"不治他伎,喜怒窘穷,忧愁愉佚,怨恨思慕,酣醉无聊,不平有动于心,必于草书焉发之"。又说:"为旭有道,利害必明,无遗锱铢,情炎于中,利欲斗进,有得有丧,勃然不释,然后一决于书,而后旭可几也。"照他这么说来,岂不是一个艺术家的修养功夫就是到处去找强烈的刺激吗?他因有这样的误解,才会把一切艺术都看成了"不平之鸣"(《送孟东野序》),而艺术评价的标准也似乎就在那不平程度之高下或那刺激强度之大小了。这跟近代人认文学为"苦恼的象征"的见解倒有些相似,但跟孟子的"充实之谓美"的意义显然是不相符的,跟孟子的养气论也不相符。

韩愈的主要错误点在哪里呢?就在他误认了艺术的具体化活动为美的经验中的平衡作用。他不晓得真正艺术家的平衡作用(即美的经验的完成)是在具体化活动开始之先就得到了的,并不要等具体化活动来造成的。所以有许多美的经验并没有通过具体化,但仍不失其为美的经验。因为美的经验具有暂忽性,照例不能支持得很久,而具体化活动则竟有持续到数月或至数年之久的。那么,若说具体化活动就是美的经验的一部分,当然是不合理了。例如陶渊明的"采菊东篱下,悠然见南山"两句诗(《饮酒》之一),我们当然无从考查它是在见南山的当时作成的呢,或是事后过一些时才作成的,但是他之悟到"此中有真意",我们却可断定它是跟见南山同时发生的事。换句话说,他之悟到此中的真意,便是他当时的美的经验中的一部分,而有了这个悟解之后，他的平衡状态就已完成了。至于他或在当时或在事后将这已经完成的美的经验具体化成一首诗，则是对于另外一个具体化冲动的平衡作用。这一个具体化冲动当然是由原来那个美的经验所引起，但是这具体化活动只能算是那个美的经验的余事，不能和那美的经验的本身混为一事的。现在韩愈的错误，不在把见南山认为一种刺激，却在把那首诗的产生误认为那刺激的直接反应。

这样的错误发生了什么效果呢？最显著的不良效果就在他自己身上。他因误认了发泄"不平之鸣"为艺术活动的合法动机，这才不以对人发牢骚为不正当，竟会写出《三上宰相书》哀鸣乞怜的那种书信来，以致留为永远不可磨灭的污点。我们后代人读了他这样的作品，尽可以不必指摘他的人格怎样有亏，总之他还不十分明了艺术的性质是实。

至于这种错误对于一般艺术理论的影响，那是更其大了。艺术活动所以能在人类的一般活动中维持它所应得的地位，就全靠艺术的美和人格的美具有共同性之一点。所以品评艺术品的高下，除了拿经验价值做标准之外，是再找不出一个更适切、更正当的标准来的。韩愈把艺术误认作一种"不平之鸣"，便于无形之中取消了或至少是混乱了这唯一适切正当的评价标准。这不但使艺术的发展迷失了正确的指针，并且使它本身的地位也起了摇动。

现在我们对于古代的艺术理论能够得到一点比较明白的理解，不能不感谢现代科学的赐予。只是现代科学在人类心理方面也还未能十分愉快地胜任，所以对于我们现在所研究的这种题目，还只能予以定性说明，未能加以定量分析。我们希望将来科学继续发达的结果，竟能把这种题目里面所包含的真理也分毫不爽地测验起来，那么，不但可以使艺术加十倍百倍的速度而进步，不但可以把向来弥漫在艺术理论界的乌烟瘴气一扫而空，就是人格教育的前途也一定无可限量了。

美术与生活

梁启超

诸君！我是不懂美术的人，本来不配在此讲演。但我虽然不懂美术，却十分感觉美术之必要。好在今日在座诸君，和我同样的门外汉谅也不少。我并不是和懂美术的人讲美术，我是专要和不懂美术的人讲美术。因为人类固然不能个个都做供给美术的"美术家"，然而不可不个个都做享用美术的"美术人"。

"美术人"这三个字是我杜撰的，谅来诸君听着很不顺耳。但我确信"美"是人类生活一个要素，或者还是各种要素中之最要者。倘若在生活全内容中把"美"的成分抽出，恐怕便活得不自在甚至活不成！中国向来非不讲美术，而且还有很好的美术，但据多数人见解，总以为美术是一种奢侈品，从不肯和布帛、菽粟一样看待，认为生活必需品之一，我觉得中国人生活之不能向上，大半由此。所以今日要标"美术与生活"这题特和诸君商榷一回。

问人类生活于什么？我便一点不迟疑答道："生活于趣味。"这句话虽然不敢说把生活全内容包举无遗，最少也算把生活根芽道出。人若活得无趣，恐怕不活着还好些，而且勉强活也活不下去。人怎样会活得无趣呢？第一种，我叫它作石缝的生活：挤得紧紧的，没有丝毫开拓余地；又好像披枷带锁，永远走不出监牢一步。第二种，我叫它作沙漠的生活：干透了没有一毫润泽，板死了没有一毫变化；又好像蜡人一般，没有一点血色，又好像一株枯树，庾子山（庾信）说的"此树婆娑，生意尽矣"（《枯树赋》）。这种生活是否还能叫作生活，实属一个问题。所以我虽不敢说趣味便是生活，然而敢说没趣便不成生活。

趣味之必要既已如此，然而趣味之源泉在哪里呢？依我看有三种：

第一，对境之赏会与复现：人类任操何种卑下职业，任处何种烦劳境界，要知总有机会和自然之美相接触——所谓**水流花放，云卷月明，美景良辰，赏心乐事**。只要你在一刹那间领略出来，可以把一天的疲劳忽然恢复，把多少时的烦恼丢在九霄云外。倘若能把这些影像印在脑里头令它不时复现，每复现一回，亦可以发生与初次领略时同等或仅较差的效用。人类想在这种尘劳世界中得有趣味，这便是一条路。

第二，心态之抽出与印契：人类心理，凡遇着快乐的事，把快乐状态归拢一想，越想便越有味；或别人替我指点出来，我的快乐程度也增加。凡遇着苦痛的事，把苦痛倾筐倒箧吐露出来，或别人能够看出我苦痛替我说出，我的苦痛程度反会减少。不唯如此，看出、说出别人的快乐，也增加我的快乐；替别人看出、说出苦痛，也减少我的苦痛。这种道理，因为各人的心都有个微妙的所在，只要搔着痒处，便把微妙之门打开了。那种愉快，真是得未曾有,所以俗话叫作"开心"。我们要求趣味,这又是一条路。

第三,他界之冥构与蓦进:对于现在环境不满,是人类普遍心理,其所以能进化者亦在此。就令没有什么不满,然而在同一环境之下生活久了,自然也会生厌。不满尽管不满,生厌尽管生厌,然而脱离不掉它,这便是苦恼根源。然则怎么救济法呢?肉体上的生活,虽然被现实的环境捆死了;精神上的生活,却常常对于环境宣告独立。或想到将来希望如何如何,或想到别个世界,例如文学家的桃源、哲学家的乌托邦、宗教家的天堂净土如何如何,忽然间超越现实界闯入理想界去,便是那人的自由天地。我们欲求趣味,这又是一条路。

这三种趣味,无论何人都会发动的。但因各人感觉机关用得熟与不熟,以及外界帮助引起的机会有无多少,于是趣味享用之程度生出无量差别。感觉器官敏则趣味增,感觉器官钝则趣味减;诱发机缘多则趣味强,诱发机缘少则趣味弱。专从事诱发以刺激各人器官不使钝的有三种利器:一是文学,二是音乐,三是美术。

今专从美术讲。美术中最主要的一派,是描写自然之美,常常把我们所曾经赏会或像是曾经赏会的都复现出来。我们过去赏会的影子印在脑中,因时间之经过渐渐淡下去,终必有不能复现之一日,趣味也跟着消灭了。一幅名画在此,看一回便复现一回,这画存在,我的趣味便永远存在。不唯如此,还有许多我们从前不注意赏会不出的,它都写出来指导我们赏会的路。我们多看几次,便懂得赏会方法,往后碰着种种美境,我们也增加许多赏会资料了，这是美术给我们趣味的第一件。

美术中有刻画心态的一派，把人的心理看穿了，喜怒哀乐都活跃在纸上。本来是日常习见的事，但因它写得惟妙惟肖，便不知不觉间把我们的心弦拨动，我快乐时看它便增加快乐，我苦痛时看它便减少苦痛，这是美术给我们趣味的第二件。

美术中有不写实境、实态而纯凭理想构造成的。有时我们想构一境，自觉模糊断续不能构成，被它都替我表现了，而且它所构的境界种种色色有许多为我们所万想不到；而且它所构的境界优美、高尚，能把我们卑下、平凡的境界压下去。它有魔力，能引我们跟着它走，闯进它所到之地。我们看它的作品时，便和它同往一个超越的自由天地，这是美术给我们趣味的第三件。

要而论之，审美本能，是我们人人都有的。但感觉器官不常用或不会用，久而久之麻木了。一个人麻木，那人便成了没趣的人；一民族麻木，那民族便成了没趣的民族。美术的功用，在把这种麻木状态恢复过来，令没趣变为有趣。换句话说，是把那渐渐坏掉了的爱美胃口替它复原，令它常常吸收趣味的营养，以维持、增进自己的生活健康。明白这种道理，便知美术这样东西在人类文化系统上该占何等位置了。

以上是专就一般人说的。若就美术家自身说，他们的趣味生活自然更与众不同了。他们的美感，比我们锐敏若干倍，正如《牡丹亭》说的："我常一生儿爱好是天然。"我们领略不着的趣味，他们都能领略。领略够了，终把些唾余分赠我们。分赠了我们，他们自己并没有一毫破费，正如老子说的："既以为人，己愈有；既以与人，己愈多。"假使"人生生活于趣味"这句话不错，他们的生活真是理想生活了。

今日的中国，一方面要多出些供给美术的美术家，一方面要普及养成享用美术的美术人。这两件事都是美术专门学校的责任。然而该怎样督促、赞助美术专门学校，叫它完成这责任，又是教育界乃至一般市民的责任。我希望海内美术大家和我们不懂美术的门外汉各尽责任做去。

美术与科学

梁启超

稍为读过西洋史的人,都知道现代西洋文化是从文艺复兴时代演进而来。现代文化根底在哪里?不用我说,大家当然都知道是科学。然而文艺复兴主要的任务和最大的贡献,却是在美术。从表面看来,美术是情感的产物,科学是理性的产物,两件事很像不相容,为什么这位暖和和的阿特(艺术 art 的英译)先生,会养出一位冷冰冰的赛因士(科学 science 的英译)儿子?其间因果关系,研究起来很有兴味。

美术所以能产生科学,全从"真美合一"的观念发生出来,他们觉得真即是美,又觉得真才是美,所以求美先从求真入手。文艺复兴的"太祖高皇帝"雷安那德·达温奇(今译列奥纳多·达·芬奇,下同)——就是画最有名的《耶稣晚餐图》(今译《最后的晚餐》)那个人,谅来诸君都知道了,达温奇有几件故事,很有趣而且有价值。当时意大利某村乡新发现希腊人雕刻的一尊温尼士(今译维纳斯)女神裸体像,举国若狂地心醉其美,不久被基督教徒说是魔鬼,把它涂了脸凿了眼睛断了手脚丢在海里去了。达温奇和他几位同志悄悄地到处发掘,又掘着第二尊。

有一晚,他们关起大门在那里赏玩他们的新发现品,被基督教徒侦探着,一大群人气势汹汹地破门而入,入进去看见达温奇干什么呢,他拿一根软条的尺子在那里量那石像的尺寸部位,一双眼对着那石像出神,简直像没有看见众人一般,把众人倒愣了。当时在场的人,有一位古典派美术家老辈梅尔拉,不以达温奇的举动为然,告诉他道:"美不是从计算产生出来的呀!"达温奇要理不理地,许久才答道:"不错,但我非知道我所要知的事情不肯干休。"

有一回傍晚的时候,天气十分惨淡,有一位年高望重的天主教神父当众讲演,说:"世界末日快到了!基督立刻来审判我们了!赶紧忏悔啊!赶紧皈依啊!"说得肉飞神动,满场听众受了刺激,哭咧,叫咧,打嚏咧,磕头咧,闹得一团糟。达温奇有位高足弟子也在场,也被群众情感的浪卷去,觉得自己跟着这位魔鬼先生学,真是罪人,也叫起"耶稣救命"来。猛回头看见他先生却也在那边,在那边干什么呢?左手拿块画板,右手拿管笔,一双眼盯在那位老而且丑的神父脸上,正在画他呢!

这两件故事,诸君听着好玩吗?诸君啊!不要单作好玩看待,须知这便是美术和科学交通的一条秘密隧道。诸君以为达温奇是一位美术家吗?不不!他还是一位大科学家。近代的生物学是他筚路蓝缕地开辟出来。倘若生物学家有道统图,要推他当先圣周公,达尔文不过先师孔子罢了。他又会造飞机,又会造铁甲车船,现有他自己给米兰公爵的书信为证。诸君啊!你想当美术家吗?你想知道惊天动地的美术品怎样出来吗?请看达温奇。

我说了半天,还没有说到美术、科学相沟通的本题,现在请亮开来说吧。"密斯忒阿特""密斯忒赛因士",他们哥俩儿有一位共同的娘,娘什么名字?叫作"密斯士奈渣",翻成中国话,叫作"自然夫人"。问美术的关键在哪里?限我只准拿一句话回答,我便毫不踌躇地答道:"观察自然。"问科学的关键在哪里?限我只准拿一句话回答,我也毫不踌躇地答道:"观察自然。"向来我们人类,虽然和"自然"耳鬓厮磨,但总是"鱼相忘于江湖"的样子,一直到文艺复兴以后,才算把这位积年老伙计认识了。认识以后,便一口咬住,不肯放松,硬要在他身上还出我们下半世的荣华快乐。哈哈,果然他老人家葫芦里法宝被我们搜出来了!一件是美术,一件是科学。

认识自然不是容易的事,第一件要你肯观察,第二件还要你会观察。粗心固然观察不出,不能说仔细便观察得出;笨伯固然观察不出,越聪明有时越发观察不出。观察的条件,头一桩,是要对于所观察的对象有十二分兴味,用全副精神注在他上头,像《庄子》讲的承蜩丈人"虽天地之大,万物之多,而唯吾蜩翼之知"(《庄子·外篇·达生》)。第二桩要取纯客观的态度,不许有丝毫主观的僻见掺在里头,若有一点,所观察的便会走了样子了。达温奇还有一幅名画叫作《莫那利沙》(《蒙娜丽莎》),莫那利沙,就是达温奇爱恋的美人。相传画那一点微笑,画了四年,他自己说,虽然他恋爱极热,始终却是拿极冷酷的客观态度去画她。要而言之,热心和冷脑相结合是创造第一流艺术品的主要条件。换个方面看来,岂不又是科学成立的主要条件吗?

真正的艺术作品,最要紧的是描写出事物的特性,然而特性各各不同，非经一番分析的观察功夫不可。莫泊三（今译莫泊桑）的先生教他作文，叫他看十个车夫，作十篇文来写他，每篇限一百字。《晚餐图》里头的基督，何以确是基督，不是基督的门徒；十二门徒中，何以彼得确是彼得，不是约翰；约翰确是约翰，不是犹大；犹大确是犹大，不是非卖主的余人？这种本领，全在同中观异，从寻常人不会注意的地方找出各人情感的特色。这种分析精神，不又是科学成立的主要成分吗？

美术家的观察不但以周遍、精密能事，最重要的是深刻。苏东坡述文与可论画竹的方法，说道："画竹必先得成竹于胸中，执笔熟视，乃见其所欲画者，急起从之，振笔直遂，以追其所见，如兔起鹘落，少纵则逝矣。"（《文与可画筼筜谷偃竹记》）这几句话，实能说出美术的密钥。美术家雕画一种事物，总要在未动工以前，先把那件事物的整个实在体完全摄取，一攫攫住它的生命，霎时间和我的生命合而为一。这种境界很含有神秘性。虽然可以说是在理性范围以外，然而非用锐入的观察法一直透入深处，也断断不能得这种境界。这种锐入观察法，也是促进科学的一种助力。

美术的任务，自然是在表情，但表情技能的应用，须有规律的组织，令各部分互相照应。相传五代时蜀主孟昶，藏一幅吴道子画钟馗的画，左手捉一个鬼，用右手第二指挖那鬼的眼睛。孟昶拿来给当时大画家黄筌看，说道："若用拇指，似更有力。"请黄筌改正它。黄筌把画带回家去，废寝忘餐地看了几日，到底另画一本进呈。孟昶问他为什么不改，黄筌答道："道子所画，一身气力色貌，都在第二指，不在拇指，若把它改，便不成一件东西了,我这别本,一身气力,却都在拇指。"吴、黄两幅画可惜现在都失传,不能拿来比勘,但黄筌这番话真是精到之极。我们看欧洲的名画名雕,也常常领略得一二。试想,画一个人,何以能全身气力都赶到一个指头上?何以内行的人一看便看得出来?那其他部分的配置照应,当然有很严正的理法藏在里头,非有极明晰、极致密的科学头脑恐怕画也画不成,看也看不到,这又是美术和科学不能分离的证据。

现在国内有志学问的人都知道科学之重要,不能不说是学界极好的新气象,但还有一种误解应该匡正。一般人总以为研究科学,必要先有一个极大的化验室,各种仪器具备,才能着手。化验室仪器为研究科学最便利的工具,自无待言,但以为这种设备没有完成以前,就绝对地不能研究科学,那可大错了。须知仪器是科学的产物,科学不是仪器的产物,若说没有仪器便没有科学,试想欧洲没有仪器以前,科学怎么会跳出来?即如达温奇的时代,可有什么仪器呀?何以他能成为科学家不祧之祖?

须知科学最大能事,不外善用你的五官和脑筋;五官和脑筋,便是最复杂、最灵妙的仪器。老实说一句,科学根本精神,全在养成观察力。养成观察力的法门虽然很多,我想,没有比美术再直捷了。因为美术家所以成功,全在观察"自然之美",怎样才能看得出自然之美,最要紧是观察"自然之真",能观察自然之真,不唯美术出来,连科学也出来了。所以美术可以算得科学的金锁匙。

我对于美术、科学都是门外汉,论理很不该饶舌,但我从历史上看来,觉得这两桩事确有相得益彰的作用。贵校是唯一的国立美术学校,它的任务,不但在养成校内一时的美术人才,还要把美育的基础筑造得巩固,把美育的效率发挥得加大。校中职教员学生诸君,既负此绝大责任,那么,目前的修养和将来的传述都要从远者大者着想。我希望诸君,常常提起精神,把自己的观察力养得十分致密、十分猛利、十分深刻,并把自己体验得来的观察方法传与其他人,令一般人都能领会,都能应用。

孟子说:"能与人规矩,不能使人巧。"(《孟子·尽心上》)遵用好的方法,能否便成一位大艺术家,这是属于"巧"的方面,要看各人的天才。就美术教育的任务说,最要紧是给被教育的人一个"规矩"。像中国旧话说的"可以意会,不可以言传",那么,任凭各人乱碰上去也罢了,何必立这学校?若是拿几幅标本画临摹临摹,便算毕业,那么,一个画匠犹为之,又何必借国家之力呢?我想国立美术学校的精神旨趣,当然不是如此,是要替美术界开辟出一条可以人人共由之路,而且令美术和别的学问可以相沟通、相浚发。我希望中国将来有"科学化的美术",有"美术化的科学",我这种希望的实现就靠贵校诸君。

论触景生情

许君远

文学作品离不开时代性,离不开地域色彩,更离不开季节天时的自然变化。

一般说来,文人是多愁善感,寒来暑往,影响他的心情;朝云落日,启发他的幻想。我不是说凡属佳作全是吟风弄月,不过春宵秋夕的确能够勾引文思。

任何一种作品,全不能消灭季节的分野,小说、戏剧、散文、诗词歌赋都是如此。春日怀人,不期而然地写出:"去年花里逢君别,今日花开又一年。世事茫茫难自料,春愁黯黯独成眠。"(韦应物《寄李儋元锡》)秋日送别,只能低徊往事地高唱:"鸿雁不堪愁里听,云山况是客中过。关城树色催寒近,御苑砧声向晚多。"(李颀《送魏万之京》)

写小说更不能忽略时间的因素,林黛玉在春天写成《葬花词》,在秋天写成《秋雨词》;贾探春在秋天结成"海棠社";凤姐在冬天吟出"一夜北风紧"。《西厢记》入《长亭送别》,开始便用"碧云天,黄花地,西风紧,北雁南飞。晓来谁染霜林醉?

总是离人泪。"一曲《端正好》点破了秋深天气。《牡丹亭·游园》的名句:"原来姹紫嫣红开遍,似这般都付与断井颓垣。良辰美景奈何天,赏心乐事谁家院!朝飞暮卷,云霞翠轩,雨丝风片,烟波画船,锦屏人忒看的这韶光贱。"则又活活画出暮春烟景,让每个人为之心醉神怡。

人的感情往往随着时节的变化而发生着波动,"女子怀春,男子悲秋",都在说明着感情流露的痕迹。的确,经过严冬苦寒,枯寂生涯,目睹草木萌动,万卉争荣,谁的精神也会为之一爽,志气为之勃发。待到秋风飒飒,黄叶飘零,一股凄凉萧瑟之念,悠然侵上心头,使你发生岁月悠悠,好景不常之感。在豆棚瓜架下,你不会诌成一篇《炉边闲话》;在白雪压庐,你很难想象暑天西瓜的可口。这并不是说冬天不能发生夏天的感觉,而是说纪实篇章绝对离不开寒燠的背景。没有"残照西风",王渔洋(王士禛)写不出《秋柳》名作;没有"爽气西山",黄仲则(黄景仁)想不到"九月衣裳未剪裁"(《都门秋思》之三),节序唤起你的回忆,阴晴刺激你的情绪,花月惹你留恋,晨昏导引你的动止。

但是一般描写春秋的作品,很够得上汗牛充栋,描写冬夏的作品,则相形而见绌。像《仲夏夜之梦》(莎士比亚)那样烟云浩渺,像《答苏武书》(李陵)那样朔风凛冽的胡地风光,毕竟不能多见。这正可以看出文人感情的脉路,春花秋月委实足以把蕴含五内的遐思激荡出来。

季节的刻画都免不掉借助于动植物的象征,而这些象征独以春秋为最多,夏冬为最少。检点诗词,点缀春天的动物是莺、燕、杜鹃和蜂蝶;植物是桃、杏、柳、樱桃、蔷薇、梅子、茶靡、飞絮和榆荚。陪衬秋天的是桂、菊、海棠、梧桐、枫叶、芦花、茱萸和蛩蜇、鸿雁。雕绘冬天的是"淡香疏影";渲染夏天的是"菡萏浮水"。秋千最适于三春,而词曲中的秋千,真是最能动人心弦的点缀。为了注释本文,我且把关于有这类描写的长短句试举几首:

花褪残红青杏小。燕子飞时,绿水人家绕。枝上柳绵吹又少,天涯何处无芳草。

墙里秋千墙外道。墙外行人,墙里佳人笑。笑渐不闻声渐悄,多情却被无情恼。

——苏轼《蝶恋花》

堤上游人逐画船,拍堤春水四垂天。绿杨楼外出秋千。

白发戴花君莫笑,六幺催拍盏频传。人生何处似尊前!

——欧阳修《浣溪沙》

庭院深深深几许?杨柳堆烟,帘幕无重数。玉勒雕鞍游冶处,楼高不见章台路。

雨横风狂三月暮,门掩黄昏,无计留春住。泪眼问花花不语,乱红飞过秋千去。

——欧阳修《蝶恋花》

听风听雨过清明。愁草瘗花铭。楼前绿暗分携路,一丝柳,一寸柔情。料峭春寒中酒,交加晓梦啼莺。

西园日日扫林亭。依旧赏新晴。黄蜂频扑秋千索,有当时、纤手香凝。惆怅双鸳不到,幽阶一夜苔生。

——吴文英《风入松》

蹴罢秋千,起来慵整纤纤手。露浓花瘦,薄汗轻衣透。见客入来,袜刬金钗溜。和羞走,倚门回首,却把青梅嗅。

——李清照《点绛唇》

像这种适合节令的游戏(或其他),当然不只荡秋千,飞纸鸢、踢毽子,都是属于春天的范围。有些尽管失却了它的时代性……如秋千便有走到没落路上的倾向。不过提到这两个字,你就会想到"雅戏何人拟半仙?分明琼女散金莲"的笑语生喧、深闺暇日的热闹。这是一种逼近妆阁的设备,贵家园亭,绝非纨绔子弟所能涉足一窥,越是神秘,越能引动诗人的深思:"黄蜂频扑秋千索",只为"纤手香凝";这是诗人的想入非非,恨不得变成一个小动物,一亲芳泽。"墙里秋千墙外道"说来原也平常,但是惹得东坡先生热情迸发了。

触景生情是写作的基本道理。既然触景生情,那就不是单纯的"夭桃秾李",或者单纯的"落絮飘红",景中要有情,情中应有物,情与物融和凝结,然后才不是一篇死东西,不是一篇了无生气的摄影。我这里再试以散文为例,徐志摩的《我所知道的康桥》,描写春天到来以后的康桥风光,尽管他所列举的都是平凡的乡村野色,平凡的事物中却掩映着浓厚的感情,最后还以"我只要那晚钟撼动的黄昏,没遮拦的田野,独自斜倚在软草里，看第一个大星在天边出现"结尾，画龙点睛，无限烟波浩渺。这篇文章虽然不是写在康桥，但是在春天来了的时候，谁也会想到过去的优悠快意生活，从这里你可以悟出"触景生情"的道理。

我常拿《徐霞客游记》和《甲行日注》（叶绍袁在明亡后的日记作品，共八卷）作比较，同是游记，前者总不及后者生动，原因是徐霞客只顾及山水之本身，而那位"孤臣孽子"（指叶绍袁）却把郁愤寄托在松涛月色，遂使山灵生辉。譬如"山抹微云，天连衰草"，原是死物，但是一经加上"斜阳外，寒鸦万点，流水绕孤村"，便宛然如见炊烟，如闻人声。至于"东风且伴蔷薇住，到蔷薇，春已堪怜"（张炎《高阳台·西湖春感》）和"是他春带愁来，春归何处？却不解、带将愁去！"（辛弃疾《祝英台近·晚春》）已经不是单写春光，而是写透春情，是把"春"人格化（Personified）了。

风花雪月为战时文艺所摈弃，尽管如此，这些都是诗人思想的源泉，而为任何作品所不能缺少的点缀。一间竹木茅舍尽能表现它的朴实素雅，涂上一些油饰，也许更能焕发它的光彩。自然风物在文学里的价值便是等于油饰，最时下的作品如史坦培克（John Steinbeck，今译斯坦贝克）的《月落》，还离不开雪夜鸟啼月落的景色，自此以上当然不用说了。莎洛蒂布朗第（Charlotte Bronte，今译夏洛蒂·勃朗特）没有一本作品不在充分利用月光。格莱葛丽夫人（Lady Gregory，今译格雷戈里夫人）的《月亮上升》（今译《月亮上升的时候》）全部在优美的月下演出，而月更成为话剧舞台上的最容易运用的配景。

"待月西厢下，迎风户半开。拂墙花影动，疑是玉人来"，宛然是一个设计完整的舞台场面。而"梵王宫殿月轮高，碧琉璃瑞烟笼罩"，更写尽了良辰美景。张若虚的《春江花月夜》极幻想之能事，"谁家今夜扁舟子，何处相思明月楼？……玉户帘中卷不去，捣衣砧上拂还来"，成为千秋咏月的绝响。新月同残月尤为诗人所崇爱，冯延巳的"黄昏独倚朱阑，西南新月眉弯"，韦庄的"残月出门时，美人和泪辞"，都是好句。王百谷给马湘兰小简，以"残月在马首，知君尚未离巫峡也"（《王百谷寄马湘兰书》）开始，冷隽可爱，不愧才子之笔。

风声最适用于话剧舞台，在中国文学里常把它当作性格温柔的"十八姨"，至多也不过向着百花肆虐。花同雪当然也能给文人浓厚的"烟士披里纯"（灵感，inspiration 的音译），不过不及雨的清幽有致。"清明时节雨纷纷，路上行人欲断魂"是春雨；"黄梅时节家家雨，清草池塘处处蛙"是夏雨；经大观园诗人所评骘过的"留得残荷听雨声"是秋雨。谁不爱宿雨初收的阳春烟景？而"雨打梨花深闭门"，的确是不可想象的清幽雅丽的境界。《长恨歌》的"行宫见月伤心色，夜雨闻铃肠断声"，成为一般关于唐明皇传奇的发源，《梧桐雨》中的一段"三煞"，便写尽了凄凉雨色。原文是：

润蒙蒙杨柳雨，凄凄院宇侵帘幕。细丝丝梅子雨，装点江干满楼阁。杏花雨红湿阑干，梨花雨玉容寂寞。荷花雨翠盖翩翻，豆花雨绿叶潇条。都不似你惊魂破梦，助恨添愁，彻夜连宵。莫不是水仙弄娇，蘸杨柳洒风飘？

借雨写胸中愁苦，同贺方回（贺铸）的"一川烟草，满城风絮，梅子黄时雨"如出一辙。

总之，季节天时的变化，自然景色的兴发，全能够激荡诗人的胸怀，写成触景生情的篇章。然而也唯有诗人能够如此，一个栉风沐雨的牧童，绝不能了解领略春秋佳景，因而王百谷"见道旁雨中花，仿佛湘娥面上啼痕耳"之句，实在蕴含着诗人的深情，也正是诗人的得天独厚处。

黄梨洲（黄宗羲）说道："诗人萃天地之清气，以月露、风云、花鸟为其性情，其景与意不可分也。月露、风云、花鸟之在天地间，俄顷灭没，惟诗人能结之不散。"而任何一种作品，都应该洋溢着这种"清气"，有清气才会有"品"，有"格"，有超脱的"意境"。

论意境

许君远

意境是一个不受时代和地域限制的艺术因素，对于文学的每个部门都能适用。它是一个非常抽象，几乎可以意会不可言传的名词，人称王摩诘"诗中有画，画中有诗"，很可以从这两句话里悟出意境的道理。

意境是作品的灵魂，是作者天才的最大表现。它的由来多半发自偶然的灵感（Inspiration），脑海中的海市蜃楼，稍纵即逝，在写作的时候如果能够抓住这个内发的火花，沉闷的局面立刻呈现出美丽的花园。

然而意境不一定实有其地，不一定实有其人，如《红楼梦》的大观园，如潇湘馆的林黛玉，如希尔敦的西藏桃园（Shangri-La，即香格里拉），如迭根斯（今译狄更斯，下同）的小耐儿（Little Nell），全是作者幻化出来的人与物。

这例子在剧曲中尤为多见，如柳耆卿的《雨霖铃》："今宵酒醒何处？杨柳岸，晓风残月……"；秦少游的《满庭芳》："伤情处，高城望断，灯火已黄昏"；张子野的《青门引》："那堪更被明月，隔墙送过秋千影"；晏同叔的《浣溪沙》："无可奈何花落去，似曾相识燕归来"；朱淑真的《眼儿媚》："何处唤春愁？绿杨影里，海棠亭畔，红杏梢头"；李清照的《醉花阴》："莫道不销魂，帘卷西风，人比黄花瘦。"这些似乎是言之有物，又似乎言之无物，耐人咀嚼寻味，使读者想到塞外秋风，忆起江南春雨，简单的诗句，却蕴含着丰美的思致，这便是意境的妙用。

画人难，画鬼易，幻化出来的意境往往比写实更为引人入胜。不过我并不是说写实作品不会有好的意境，王摩诘的《山中与裴秀才书》，苏东坡的《赤壁赋》，杜工部的《登岳阳楼》，白香山的《长恨歌》，温庭筠的《过陈琳墓》，萨都剌的《金陵怀古》，吴梅村的《鸳湖曲》，黄仲则的《都门秋思》，全非空中楼阁，而是实在情形的超实际化。在香港的太平天国文献展览会中，见到一个常熟发掘的石碑，其中有"春树万家，喧起鱼盐之市；夜灯几点，摇来虾菜之船"之句，诗意充盈，二十个字写尽了江南风物，同"杂花生树，群莺乱飞"一样能够深深动人遐思。

《红楼梦》之妙处大半靠着新奇的意境，其中黛玉葬花，椿龄画蔷，全是神来之笔，痴情憨态，呼之欲出。《牡丹亭》的游园惊梦，《西厢记》的琴挑、拷红，妙绪泉涌，情词并茂。《聊斋志异》有好多篇意境新颖的文字，《连锁》清幽有鬼气，《香玉》芬芳有山野气。《陶庵梦忆》和《浮生六记》都是善于运用意境的代表作，其中包含着不少秀丽的画图。

西洋伟大作品的例证尤多，先从戏剧说起，莎士比亚的《仲夏夜之梦》烟云缭绕，宛然神仙境界。格莱葛丽（Lady Gregory）

的《月亮上升》，王尔德的《莎乐美》，辛吉（John M. Synge，今译约翰·米尔顿·辛格）的《海上骑士》，梅特林克的《青鸟》，伯利（Sir James M. Barrie，即詹姆斯·马修·巴利爵士）的《彼得潘》，欧奈尔的《天外》，把握意境，恰到好处。除了《仲夏夜之梦》，我们还不应该忘记《罗密欧与朱丽叶》，楼头密约，两情缱绻，"她的恩义海样深，她的爱情海样辽阔。天鹅报晓，还希望夜莺晚啼，东方发白，怪它不是残月微"这一幕的对白同《西厢记》的长亭送别作个参照，"恨相见得迟，怨归去得疾，柳丝长玉骢难系，恨不倩疏林挂住斜晖"正是意境全同，思路也并无二致。

关于西洋小说，我愿意占去较多的篇幅。迭根斯的《古玩商店》，小耐儿抓住了千万读者的心，所以在她同祖父避难他乡，教堂卧病，多少人给作者写信，要求莫使小天使的生命夭折；但他宁愿让她魂归天国，让举世涕泪纵横。我们可以想象作者对于这一幕的安排，费过多大的苦心。《块肉余生述》（今译《大卫·科波菲尔》）的主角大卫，同样度着一个悲欢离合的童年，父亲死了从学校里叫回家中，母亲改嫁使他投奔姑母，仁慈的女仆柏高梯，聪明剔透的爱弥儿，一本书包含着多少可歌可泣的场面！

乔治·爱利亚特（George Eliot，今译乔治·艾略特）的《溪上磨房》（*The Mill on the Floss*，今译《弗洛斯河上的磨坊》），也是从小孩生活叙起，乡村景色，摇曳生姿，全书以汤姆和他的妹妹玛吉为骨干，池边争糕斗口，家贫罢学归来，以及后来驼背孩子的闯入，玛吉的受骗私逃，处处使读者神游异国，低徊往事。她的另一部小说《艾达姆毕德》（*Adam Bede*，今译《亚当·

比德》），价值不稍逊于前者，写森树林中的爱恋，情意殷殷，荡人心魄；结尾烟云浩渺，尤觉意味深长。莎洛蒂布朗第（Charlotte Bronte，今译夏洛蒂·勃朗特）半自传式的《琴艾尔》（*Jane Eyre*，今译《简·爱》），和爱弥尔·布朗第（Emily Bronte，今译艾米莉·勃朗特）的《咆哮山庄》（今译《呼啸山庄》），都应该归入我这个题目之内，前书将告结尾的一章，曾博得全世界批评家的称美，琴艾尔长得非常平凡，但是她也能如白雪公主辛德里拉（Cinderella）或者海伦（Helen of Troy）等人在爱情场中获得胜利。

小说家中最能表演意境的还算汤麦斯·哈代（Thomas Hardy，今译托马斯·哈代），他的十几部著作《绿树阴下》（今译《绿林荫下》）到最长的《还乡》，都无例外。《还乡》《卡斯特桥市长》《苔丝》《林中居民》《离群》《一双蓝眼睛》……全以威塞克斯（Wessex）为背景，但是同一地方的景物也是千变万化，毫不单调雷同。读哈代作品的人，对于他所描写的乡镇村庄，谁不日夕思慕，心向往之？

……郁达夫批评哈代，推崇备至，他特别指出在《苔丝》里作者的匠心独具，他说天气的阴晴能够影响到情人的心境！没有文学修养的人，很难体会到这种意味，一语道着痒处的。

哈德逊的《绿厦》（*The Green Mansions*）是以秘鲁的森林为背景，女主角是一个超人的人物，鸟语花香，风光旖旎，新奇的手法，使着读者发生出尘之想。本奈特（Arnold Bennett，今译阿诺德·本涅特）的《老妇谭》（*Old Wive's Tale*），20世纪初叶文坛怪杰劳兰斯（D. H. Lawrence，今译劳伦斯）的《儿子与情人》，所以能够成为最大杰作，每一个读者会能了解其真正原因。

美国作家如伊尔文（Washington Irving，今译华盛顿·欧文）的《李伯大梦》（*Rip Van Winkle*）、哈特（Bret Harte，今译布雷特·哈特）的《密吉尔斯》（*My Metamorphosis*）、马克颓殷（Mark Twain，今译马克·吐温）的两部顽童小传（《汤姆·索亚历险记》《哈克贝利·费恩历险记》），正适合我们的征引。加兹开尔的山色湖光，密西西比的朝云落日，意味悠扬，绝非一幅着色图画之所能尽。安德森（Sherwood Anderson）的一本介乎长篇小说和短篇小说中间的《威茵斯伯·欧海欧》（*Winesburg, Ohio*，今译《小城畸人》），完全写乡村的琐事，春花秋月，了无尘嚣气息。

《茵梦湖》是一部尽人皆知的名著，它的动人处还不是靠着那章充满春意的郊游，和将告结束时田庄的造访，烟波浩渺，令人黯然神伤。法国小说应该列举的实在不少，我最爱好高第叶（Theophile Gautier，今译戈蒂叶）的《莫班小姐》，全书充满着诗情，充满着画意。

西班牙的政治小说家易班乃士（Blasco Ibanez，今译布拉斯科·伊巴涅斯）的《血与沙》（今译《碧血黄沙》）和《我们的海》，除掉人物的刻画，便是他能把意境运用到最高峰。几个斗牛场面，宛如身临其境，读者会随着牛的颠扑奔蹶而喘息，随着主角的成功失败而悲喜。后一本的女主角佛莱亚正是德国美丽女间谍玛达哈里（今译玛塔哈丽）的化身，无数人为她颠倒，无数人为她杀身。她虽然铁石为心，但不能摆脱情魔的缠绕，终于在客舍中着上男装投入爱人的怀抱；事后洒然言别，不落痕迹，然而枕上余芳宛在，一切宁在梦中。

童话的写作尤其着重意境。儿童们所能了解的不是玄之又玄的男女爱情，也不是突兀离奇的穿插。它的最重要的条件就是意境。《白雪公主》《快乐王子》和安徒生，格里姆兄弟（今译格林兄弟）的许多篇作品，都是好的例子，而《白雪公主》之所以被狄斯耐（今译迪士尼）作为卡通的蓝本，当然还是以意境为主。

儿童文学之创作，写到星球月球上都不要紧，但是最不能忽略的就是一个虚无缥缈，引人入胜的境界。我觉得中国的文学很有显著的进步，童话的生产则寥如晨星。叶绍钧的《稻草人》，算是少数中的一本，不过除了《稻草人》那一篇尚能粗具童话的规模，其余全是糟粕。中国尽有儿童故事，这些故事很多可以改编成美丽的童话，独惜从来不曾有人在这一方面下过功夫。训练创造意境，最好的方法便是试写童话；体裁不一定如安徒生他们那样谨严，像《爱丽斯漫游奇境》《彼得潘》《小妇人》《汤姆沙依儿》（今译《汤姆索亚历险记》）、《爱的教育》等，都不曾越出儿童文学的范畴。

神话在西洋文学中占着重要的位置，亚瑟王的传说成为诗人的歌咏对象。荷马的《伊利亚特》《奥德赛》，史宾莎（今译斯宾塞）的《仙后》，一直到歌德的《浮士德》，多少地都沾染着超现实的气氛。通篇怪诞不经、然而随处都是快人的意境。尽管20世纪作家给神话和"武士文学"敲了丧钟，它们的真正价值未可一概抹杀。这一部门的著作在我介绍的古籍中很可发现不少的宝藏，不过不曾被人好好利用。许多"齐东野语式"的传奇，反而借着旧剧替他们保存,像"嫦娥奔月",像"织女牛郎"……都是实在的例证。许多作家在"改"《水浒》,"翻"《红楼梦》,他们倒忘却这许多现成美丽的民间故事,说来宁不是同儿童文学的埋没一样可惜?

为了说明意境在文学作品中的价值,不惜征引了这样多的实例,其实所列一粟,尤其对于最重要的西洋诗歌,只字未曾提及。对于这一点倒想替自己辩解:我觉得意境便是诗的普遍化,把"诗"的因素播散到任何一个文学的部门,全可以成为最上乘的意境;而诗人本身更不能须臾离开意境。写《古舟子咏》的古立治(Samuel Taylor Coleridge,今译格勒律治),在鸦片烟吃足大睡之顷,忽然梦得《忽必烈汗》的零句。醒案执笔,兴会淋漓,但不幸被打断了,一生续不成篇。关于王子安写《滕王阁序》也有很多的附会,然而"落霞与孤鹜齐飞,秋水共长天一色"确是神来之笔,一刹那的灵感,成为千古的绝唱。

不过意境同作者的品格(Personality)有着密切的关联,没有广阔的胸襟,绝不能创造高越的意境。"太史公阅览名山大川,故其文有奇气",孟子也说他善养浩然之气。这全是"品格"的培养,没有意境的作品,原因是不曾在这方面做过功夫。近人徐志摩和周作人的散文,独具风格,和阅历修养有着很大的关系。目下出版物尽管汗牛充栋,够得上标准的十不及一。尤其是风靡一时的话剧,大半毫无技巧,毫无意境,专凭布景炫人,靠着有经验的演员支撑场面,我实为观众的时间金钱叫屈。然而曹禺的《雷雨》,郭沫若的《棠棣之花》是值得赞扬的,仔细品味两剧的优点,还不是以意境取胜?

大自然就是取之不尽、用之不竭的意境的源泉。一棵绿草，一枝红花，西天的云霞焕彩，入晚的月落星横，只要运用得当，都能成为尽美尽善的意境。意境不一定存在于高尚生活或象牙之塔，对于十字街头的洋车夫，郁达夫不是写过一篇美丽突兀的《薄奠》吗？

中国作家惯好在开始的时候写一首"西江月"，西洋作家惯好写一首序诗。文章结束了，我愿引《三国演义》的《西江月》来作个"殿后"：

滚滚长江东逝水，浪花淘尽英雄，是非成败转头空。青山依旧在，几度夕阳红？

白发渔樵江渚上，惯看秋月春风。一壶浊酒喜相逢。古今多少事，都付笑谈中。

以意境论，我应该效法金圣叹批六才子，连呼"妙！妙！"

抽象的抒情

沈从文

生命在发展中，变化是常态，矛盾是常态，毁灭是常态。生命本身不能凝固，凝固即近于死亡或真正死亡。惟转化为文字，为形象，为音符，为节奏，可望将生命某一种形式，某一种状态，凝固下来，形成生命另外一种存在和延续，通过长长的时间，通过遥遥的空间，让另外一时另一地生存的人，彼此生命流注，无有阻隔。文学艺术的可贵在此。

文学艺术的形成，本身也可说即充满了一种生命延长扩大的愿望。至少人类数千年来，这种挣扎方式已经成为一种习惯，得到认可。凡是人类对于生命青春的颂歌，向上的理想，追求生活完美的努力，以及一切文化出于劳动的认识、种种意识形态，通过各种材料、各种形式产生创造的东东西西，都在社会发展（同时也是人类生命发展）过程中，得到认可、证实，甚至于得到鼓舞。

因此，凡是有健康生命所在处，和求个体及群体生存一样，都必然有伟大文学艺术产生、存在，反映生命的发展、变化、矛盾，以及无可奈何的毁灭，（对这种成熟、良好生命毁灭的不屈、感慨或分析）文学艺术本身也因之不断的在发展、变化、矛盾和毁灭。但是也必然有人的想象以内或想象以外的新生，也即是艺术家生命愿望最基本的希望，或下意识的追求。而且这个影响，并不是特殊的，也是常态的。其中当然也会包括一种迷信成分，或近于迷信习惯，使后来者受到它的约束。正犹如近代科学家还相信宗教，一面是星际航行已接近事实，一面世界上还有人深信上帝造物，近代智慧和原始愚昧，彼此共存于一体中，各不相犯，矛盾统一，契合无间。

因此，两千年前文学艺术形成的种种观念，或部分、或全部在支配我们的个人的哀乐爱恶情感，事不足奇。约束限制或鼓舞刺激到某一民族的发展，也是常有的。正因为这样，也必然会产生否认反抗这个势力的一种努力，或从文学艺术形式上做种种挣扎，或从其他方面强力制约，要求文学艺术为之服务。前者最明显处即现代腐朽资产阶级的无目的、无一定界限的文学艺术。其中又大有分别，文学多重在对于传统道德观念或文字结构的反叛。艺术则重在形式结构和给人影响的习惯有所破坏。

特别是艺术最为突出。也是变态，也是常态。从传统言，是变态。从反映社会复杂性和其他物质新形态而言，是常态。不过尽管这样，我们还是有如下事实，可以证明生命流转如水的可爱处，即在百丈高楼一切现代化的某一间小小房子里，还有人读荷马或庄子，得到极大的快乐，极多的启发，甚至于不易设想的影响。又或者从古埃及一个小小雕刻品印象，取得他——假定他是一个现代大建筑家——所需要的新的建筑装饰的灵感。他有意寻觅或无心发现，我们不必计较，受影响得启发却是事实。由此即可证明艺术不朽，艺术永生。

有一条件值得记住，必须是有其可以不朽和永生的某种成就。自然这里也有种种的偶然，并不是什么一切好的都可以不朽和永生。事实上倒是有更多的无比伟大、美好的东西，在无情时间中终于毁了，埋葬了，或被人遗忘了。只偶然有极小一部分，因种种偶然条件而保存下来，发生作用。不过不管是如何的稀少，却依旧能证明艺术不朽和永生。这里既不是特别重古轻今，以为古典艺术均属珠玉，也不是特别鼓励现代艺术完全脱离现实，以为当前没有观众，千百年后还必然会起巨大作用。只是说历史上有这么一种情形，有些文学艺术不朽的事实。甚至于不管留下的如何少，比如某一大雕刻家，一生中曾作过千百件当时辉煌全世的雕刻，留下的不过一个小小塑像的残余部分，却依旧可反映出这人生命的坚实、伟大和美好，无形中鼓舞了人克服一切困难挫折，完成他个人的生命。这是一件事。

另一件是文学艺术既然能够对社会、对人发生如此长远巨大影响，有意识把它拿来、争夺来，就能为新的社会观念服务。新的文学艺术，于是必然在新的社会——或政治目的制约要求中发展，且不断变化。必须完全肯定承认新的社会早晚不同的要求，才可望得到正常发展。这就是社会主义制度下对文学艺术的要求。事实上也是人类社会由原始到封建末期、资本主义烂熟期，任何一时代都这么要求的。不过不同处是更新的要求却十分鲜明，于是也不免严肃到不易习惯情形。政治目的虽明确不变，政治形势、手段却时时刻刻在变，文学艺术因之创作基本方法和完成手续，也和传统大有不同，甚至于可说完全不同。

作者必须完全肯定承认，作品只不过是集体观念某一时某种适当反映，才能完成任务，才能毫不难受的在短短不同时间中有可能在政治反复中，接受两种或多种不同任务。艺术中千百年来的以个体为中心的追求完整、追求永恒的某种创造热情，某种创造基本动力，某种不大现实的狂妄理想（唯我为主的艺术家情感）被摧毁了。新的代替而来的是一种也极其尊大、也十分自卑的混合情绪，来产生政治目的及政治家兴趣能接受的作品。这里有困难是十分显明的。矛盾在本身中即存在，不易克服。有时甚至一个大艺术家、一个大政治家，也无从为力。

他要求人必须这么作，他自己却不能这么作，作来也并不能令自己满意。现实情形即道理他明白，他懂，他肯定承认，从实践出发的作品可写不出。在政治行为中，在生活上，在一般工作里，他完成了他所认识的或信仰的，在写作上，他有困难处。因此不外两种情形，他不写，他胡写。不写或少写倒居多数。胡写则也有人，不过较少。因为胡写也需要一种应变才能，作伪不来。

这才能分两种来源：一是"无所谓"的随波逐流态度，一是真正的改造自我完成。截然分别开来不大容易。居多倒是混合情绪。总之，写出来了，不容易。伟大处在此。作品已无所谓真正伟大与否。适时即伟大。伟大意义在文学艺术作品中已有了根本改变。这倒极有利于促进新陈代谢。也不可免有些浪费。总之，这一件事是在进行中。一切向前了。一切真正在向前。更正确些或者应当说一切在正常发展。社会既有目的，六亿五千万人的努力既有目的，全世界还有更多的人既有一个新的共同目的，文学艺术为追求此目的、完成此目的而努力，是自然而且必要的。尽管还有许多人不大理解，难于适应，但是它的发展还无疑得承认是必然的、正常的。

问题不在这里，不在承认或否认。否认是无意义的、不可能的。否认情绪绝不能产生什么伟大作品。问题在承认以后，如何创造作品。这就不是现有理论能济事了。也不是什么单纯社会物质鼓舞刺激即可得到极大效果。想把它简化，以为只是个"思想改造"问题，也必然落空。即补充说出思想改造是个复杂长期的工作，还是简化了这个问题。不改造吧，斗争，还是会落空。因为许多有用力量反而从这个斗争中全浪费了。许多本来能作正常运转的机器，只要适当擦擦油，适当照料保管，善于使用，即可望好好继续生产的——停顿了。

有的是不是个"情绪"问题？是情绪使用方法问题？这里如还容许一个有经验的作家来说明自己问题的可能时，他会说是"情绪"。也不完全是"情绪"。不过情绪这两个字含义应当是古典的，和目下习惯使用含义略有不同。一个真正的唯物主义者，会懂得这一点。正如同一个现代科学家懂得稀有元素一样，明白它蕴蓄的力量，用不同方法，解放出那个力量，力量即出来为人类社会生活服务。不懂它，只希望元素自己解放或改造，或者责备他是"顽石不灵"，都只能形成一种结果：消耗、浪费、脱节。有些"斗争"是由此而来的。结果只是加强消耗和浪费。必须从另一较高视野看出这个脱节情况，不经济、不现实、不宜于社会整个发展，反而有利于"敌人"时，才会变变。也即是古人说的

"穷则通，通则变"。

如何变？我们实需要视野更广阔一点的理论。需要更具体一些安排措施。真正的文学艺术丰收基础在这里。对于衰老了的生命，希望即或已不大。对于更多的新生少壮的生命，如何使之健康发育成长，还是值得研究。且不妨作种种不同试验。要客观一些。必须明白让一切不同品种的果木长得一样高，结出果子一种味道，没有必要，也不可能，放弃了这种不客观、不现实的打算。必须明白机器不同性能，才能发挥机器性能。必须更深刻一些明白生命，才可望更有效的使用生命。文学艺术创造的工艺过程，有它的一般性，能用社会强大力量控制，甚至于到另一时能用电子计算机产生（音乐可能最先出现），也有它的特殊性，不适宜用同一方法，更不是"揠苗助长"方法所能完成。

事实上，社会生产发展比较健全时，也没有必要这样做。听其过分轻浮，固然会消极影响到社会生活的健康，可是过度严肃的要求，有时甚至于在字里行间要求一个政治家也做不到的谨慎严肃。尽管社会本身，还正由于政治约束失灵形成普遍堕落，即在艺术若干部门中，也还正在封建意识毒素中散发其恶臭，唯独在文学作品中却过分加重他的社会影响、教育责任，而忽略他的娱乐效果（特别是对于一个小说作家的这种要求）。过分加重他的道德观念责任，而忽略产生创造一个文学作品的必不可少的情感动力……

事实上社会进步到一定程度，必然发展是分工。也就是分散思想到各种具体研究工作、生产工作以及有创造性的尖端发明和结构宏伟包容万象的文学艺术中去。只要求为国家总的方向服务，不勉强要求为形式上的或名词上的一律。让生命从各个方面充分吸收世界文化成就的营养，也能从新的创造上丰富世界文化成就的内容。让一切创造力得到正常的不同的发展和应用。让各种新的成就彼此促进和融和，形成国家更大的向前动力。让人和人之间相处得更合理。

……伟大文学艺术影响人，总是引起爱和崇敬感情，绝不使人恐惧忧虑。古代文学艺术足以称为人类共同文化财富也在于此。事实上，在旧戏里我们认为百花齐放的原因得到较多发现较好收成的问题，也可望从小说中得到，或者还更多得到积极效果。我们却不知为什么那么怕它。旧戏中充满封建迷信意识，极少有人担心他会中毒。旧小说也这样，但是却不免会要影响一些人的新作品的内容和风格。近三十年的小说，却在青年读者中已十分陌生，甚至在新的作家心目中也十分陌生。

文艺的本质

夏丏尊

文艺和其他文字的异趣,不但在形式上,还在性质上。史书原也有文艺的部分,举例来说:如《史记·屈原传》中就载得有文艺作品《离骚》,其写屈原的地方,也未始没有可以动人的句语,但《史记》的目的,在《屈原传》(与贾谊合传了,原叫《屈贾列传》)却在记述屈原的行事,其中的《离骚》,只是当作屈原的行事之一,加以记载而已,其中的写屈原的数句可以动人的句语,只是太史公的笔本有文学能力,随机表现而已,目的本不在想借了文字来造成一种艺术的。至于论文,完全是一种作者借了文字表示自己的主张或意见的东西,目的更近于实用,更不是艺术了。

心理学上通例把心的活动分为知情意的三方面,史书偏重于知的方面,论文偏重于意的方面,文艺却偏重于情的方面。《离骚》本文是情的,而《屈原传》中,却当作行事之一而列着,就是知的了。凡是离情愈远愈和知与意接近的文字,就愈不是文艺。"三角形内角之和等于二直角"完全是知的,"打倒土豪劣绅"完全是意的，看了不能引起任何情绪，所以不是文艺。

文艺的本质是情，但所谓情者，不能凭空发生，喜悦必须有喜悦的经验，悲哀也必须有悲哀的事实。把这"经验"或"事实"抽出来看，性质当然是属于知或意的。……对于经验或事实不作知或意的处理，仅作情的处理，这就是文艺的特性。文艺所给与人的是感动或情味，不是知识或欲望。

经验或事实着了感情的衣服表现出来的是文艺，但有时感情与经验事实两方有偏重而不平均者，甚而至于有缺其一方面者。如王维诗（《竹里馆》）：

> 独坐幽篁里，弹琴复长啸。
> 深林人不知，明月来相照。

这二十字中，只有经验事实，并没有明白地列出感情，但我们读了这诗，却自然会在言外引起一种幽玄的感情，就是会自己把感情补足进去，所以仍不失为好诗。近代小说中往往有这种冷静的处所，特别地是近代自然主义的作品。

更有只列感情而经验事实不示明者，这类的例以诗歌为多。如曹操的《短歌行》中有几节：

> 慨当以慷，忧思难忘。何以解忧？唯有杜康。
> …………
> 明明如月，何时可掇？忧从中来，不可断绝。

这诗读去满着忧情，而为什么忧，很是漠然。但仍无妨其为文艺作品。

由是可知文艺的本质是情，文艺中须把经验事实通过情的面纱来表示，从情的上面刺激读者。科学的文字重在诉之于知，道德的文字重在诉之于意，而文艺的文字，却重在诉之于情。

文艺的本质是情，那么只要是情，就可作为文艺的本质了吗？绝不是的。情原有许多种类，其性质有现实的情与美的情的不同，例如快乐苦痛都是一种情，我们在现实生活上谁也都有这二种情的经验，着了彩票时就快乐，失了名誉时就苦痛。但这时的快乐与苦痛，都有利己的色彩，与他人毫不相干，只是现实的个人的情，无论正在快乐或苦痛的当儿，埋头于快乐苦痛之中，无写出的余暇。即使写成文字，也只是个人的现实的利害记录，不能引动人的。

文艺中的情不是现实的情，是美的情。所谓美的情者，是与个人当前实际利害无关系的情，美的情能使人起一种快感。即其情为苦痛时也可起一种快感。我们看悲剧，不是一壁流泪，一壁却觉得快乐吗？从来山水花月等所以被认为重要文艺材料，而金钱名誉等反被从文艺材料中摈弃者，实因前者不易执着实际利害，而后者容易执着实际利害的缘故。我并不主张文艺的材料必须山水花月，着彩票与失名誉不能取作文艺材料，只要所随伴的情是美的情，就把彩票与失名誉充当材料，也可不失其为文艺作品的。

那么怎样才能运用美的情呢？这不但文艺，一切艺术都一样，就是艺术与现实关系如何的问题了。让我们再另项来考察吧。

音乐的欣赏

黄 自

凡欣赏一件艺术的作品，无论是诗、剧、书、雕刻、建筑或音乐，我们有三条路可以走：

一、知觉的欣赏（Sensual appreciation）；

二、情感的欣赏（Emotional appreciation）；

三、理智的欣赏（Intellectual appreciation）。

我小的时候，最喜欢读白乐天的《琵琶行》。当时年幼，连字的意义都不能完全了解，更谈不到什么领略诗中深意。我喜欢它，只因为它的音节铿锵，念起来非常好听。那么这欣赏完全是知觉的欣赏。现在我的知识稍为增加了一点，人世悲欢离合的滋味略为尝过些，于是我读此诗，渐能领会到白居易被谪身世飘零的情感。所以我于此诗，能在知觉的欣赏外又加了情感的欣赏。假使另外有一个人，他对于诗学是有研究的，他欣赏这首诗就同我不同了，他非但能如我领略音节之美及体会诗人的情感，而且更能明白这诗人如何应用双声及平仄转韵的法子，把金石之声烘托出来。不但如此，他还能够赏识这首诗的结构如何严密精细。

譬如那次弹琵琶的事，发生在浔阳江上，月明之夜，这明月、秋江是全篇诗的背景。所以白老先生在叙他送客将别的时候说："别时茫茫江浸月"。后来琵琶女奏演完毕，大家鸦雀无声，听得出了神，白乐天复提到江、月来："唯见江心秋月白。"到最后琵琶女在自述身世孤单里也说："绕船明月江水寒。"这三句都是说江、说月，如此非但能使我们觉得江上明月历历在目，得一种适当的背景，而前呼后应，使这背景有所统一。这个人因为他能从技术（Technique）上领略这首诗的妙趣，而另得一种微奥的快乐，是理智的欣赏。

再譬如，我到意大利米兰的圣玛利亚教堂去，看见了 Da Vinci（达·芬奇）的杰作《最后的晚餐》（*The Last Supper*），我是完全不懂绘画的，非但如此，我连得这张画是根据什么故事也不知道，我只觉得画的十三个人，人人各异，神气宛然，同时这画的色彩很美丽。除此之外，我再不能觉得此画有何妙趣，那么这画于我，仅"悦目"而已。换一句话说，我的欣赏，悉凭知觉。

假使侥幸，有一个懂绘画的朋友同我一块儿去，而同我说："这画的是耶稣受难前一夜同他十二门徒聚餐的图。当时，耶稣说门徒中有人受了人家的贿赂，把他卖给他的仇人。所以你看这是 Juda（犹大），他是卖耶稣的人，你看他何等惊惶！那手持利刃的是忠实的 Peter（彼得），你看他何等愤怒！那中间态度镇静的当然是耶稣。"

我听了他的话，情感为之冲动。他继续地说："这画家拿耶稣安置于中，而以十二门徒分散左右，三人为伍，成为五组。各人的姿势虽异，而各人的激烈的态度相同。你看 Da Vinci 复利用背景——那十字格的天花板，同后面的三扇窗……光线及人物的支配——像十二门徒的视线都集中在耶稣身上——使得全图统一而不散漫。"因为我的朋友这般地指导我，所以我又能从情感、理智方面欣赏这张画。

要真能欣赏艺术作品，这三种欣赏——知觉的、情感的、理智的——都不可缺。欣赏音乐当然也是如此，可是音乐与旁的艺术，如画、如诗、如雕刻，有些不同的地方，请分别讨论。

第一，音乐所用的材料是我们日常生活中所没有的，而其他艺术所用的材料，是我们日常生活中所惯有的。绘画中明晦的光、曲直的线及各种彩色，我们随处可见；诗、戏剧中用的文字、语言，更是每日必须经验的。唯独音乐用的"乐音"（Musical tones）是人平时所不闻。因人日常所听得的是"杂音"（Noise）。我讲话的声音是"杂音"，外面走过车的声音也是"杂音"。除了音乐外，请问诸君哪儿还可以听见 do, re, mi, fa, sol, la, ti, 几个"乐音"？因此没有音乐训练的人去听音乐，有些像一个人到了一个言语不通的外国，什么话都不能听懂。他须一样一样地从头学起来，因为这些新的意义、新的表情法，是他平日所不用的。

第二，雕刻、建筑、绘画是"空间的艺术"（Art of Space）。欣赏"空间的艺术"，记忆力差些还不很要紧，因为它是可以保留的。你看一张画，看了一遍可再看一遍，你可慢慢地、细细地去研究它，它绝不会逃走的。音乐不然，是"时间的艺术"（Art of Time），随作随止，究竟不能"绕梁三日"的。所以如果你的记忆力不强，你听了后半，忘了前半；再去听后半，又忘了前半。那么要审别音乐的意义及结构之精密是不可能的。

第三，艺术都有两个要紧的成分："内容"（Content）与"外形"（Form）。"内容"是艺术作品的主题、意义。"外形"是就技术（Technique）上的讲求，表示主题与意义，而同时使作品有美的组织。在绘画、诗、雕刻等艺术，"内容""外形"都判断是两件事，绝不会混淆。可是在纯正的音乐里——"命题音乐"（Program Music）除外——"内容"与"外形"是一而二，二而一，不能分辨的。

什么是音乐的"内容"？音乐的"内容"就是"乐意"（Motive）的种种变化（Development of a Motive）。"乐意"的蜕化同时产生出曲体的结构——那就是"外形"了。英国有位评论家Walter Pater（沃尔特·佩特）说："因为音乐的'内容'与'外形'是合而为一的，所以它是最高的艺术。"

第四，音乐的"内容"是"乐意"的蜕化，音乐的意义当然就是音乐本身，而不是借题于外界事物。有一次，Beethoven（贝多芬，世界上最著名的作曲家）作了一首Sonata（奏鸣曲）。他把他的新作弹与一位朋友听，他的朋友听完了问他："你这曲的意义是什么？"Beethoven不答，坐下来把他的曲从头又弹了一遍说："我的曲的意义就是如此！"

所以我们知道纯正音乐的意义，不是言语可以解释的；纯正音乐所表的情感，更不是文字可以描写的。有的人说音乐的意义泛，使人不易揣摩，可是音乐的妙处，正在此点。一张画、一首诗，把意义写得明显，但是因为明显的缘故，它的意义也只能止于斯，尽于斯。音乐泛，耐人寻味，你如此去想它也可，如彼去想它也可。

因为以上讲过音乐的四个特点：

第一，音乐所用的材料，不是我们平日所惯用的，欣赏音乐，必须先有音乐的训练。

第二，音乐是"时间的艺术"，随作随止，欣赏音乐须具极强的记忆力。

第三，音乐的"内容"与"外形"是不可分辨的。

第四，音乐的意义就是音乐本身，不可以拿言语来解释的。

所以欣赏音乐，似较欣赏其他艺术为难。一个完全不懂画的人看了一张画，即便不能领略其中的妙谛，至少可知道画家画的是什么；一个不懂诗的人读了一首诗，至少也可知道诗人讲的是什么；一个不知音乐的人去听音乐，只能听见叮叮咚咚乱响一阵罢了。

我深信欣赏音乐的能力每人都有，不过很多人因为没有得到相当的训练或经验，所以这能力没有发展。Berlioz（柏辽兹，法国一位音乐家）说世界上只有两种人对于音乐不表同情：第一种人是无感情的人；第二种人是不懂音乐的人。没有感情的人即有，恐怕很少；对于音乐不表同情的人，十个有九个，因为不懂音乐的缘故。

Goethe（歌德）说得好："一个人每日应当听一点音乐，念一点诗，看一张好的画；不要使得世俗的烦扰把天赋（予）我们的审美能力磨折掉了。"

要养成欣赏音乐的能力，不是一朝一夕可以办得到的，需要经日积月累的训练，方能逐渐将它培养起来。要有人以为今天读了一篇论音乐欣赏的文或是听了讲欣赏音乐的法子，而明日就可变成高山流水知音的，那我就要不客气地对他说："先生，你错了，天下绝无如此容易的事!"再者，即使养成了欣赏音乐的能力，也绝不是随便什么音乐听了一遍，就可以完全领略。高深艺术的美的奥妙的意义，是深藏的，不是浅露的。

好像记得 Charles Darwin（查尔斯·达尔文）说他自己少年的时候很喜欢艺术，后来悉心研究科学，把从前欣赏艺术的能力都消磨完了。他暮年复想在音乐、美术、诗歌中寻找些乐趣，竟不能，因为抛弃太久了。所以我们要欣赏音乐，应当常常听些音乐，一曝十寒是不济事的。

美与同情

丰子恺

有一个儿童，他走进我的房间里，便给我整理东西。他看见我的挂表的面合复在桌子上，给我翻转来。看见我的茶杯放在茶壶的环子后面，给我移到口子前面来。看见我床底下的鞋子一顺一倒，给我掉转来。看见我壁上的立幅的绳子拖出在前面，搬了凳子，给我藏到后面去。我谢他："哥儿，你这样勤勉地给我收拾！"

他回答我说："不是，因为我看了那种样子，心情很不安适。"是的，他曾说："挂表的面合复在桌子上，看它何等气闷！""茶杯躲在它母亲的背后，教它怎样吃奶奶？""鞋子一顺一倒，教它们怎样谈话？""立幅的辫子拖在前面，像一个鸦片鬼。"我实在钦佩这哥儿的同情心的丰富。从此我也着实留意于东西的位置，体谅东西的安适了。它们的位置安适，我们看了心情也安适。于是我恍然悟到，这就是美的心境，就是文学的描写中所常用的手法，就是绘画的构图上所经营的问题。这都是同情心的发展。普通人的同情只能及于同类的人，或至多及于动物；但艺家的同情非常深广，与天地造化之心同样深广，能普及于有情、非有情的一切物类。

我次日到高中艺术科上课，就对他们作这样的一番讲话：世间的物有各种方面，各人所见的方面不同。譬如一株树，在博物家，在园丁，在木匠，在画家，所见各人不同。博物家见其性状，园丁见其生息，木匠见其材料，画家见其姿态。但画家所见的，与前三者又根本不同。前三者都有目的，都想起树的因果关系，画家只是欣赏目前的树的本身的姿态，而别无目的。所以画家所见的方面，是形式的方面，不是实用的方面。换言之，是美的世界，不是真善的世界。美的世界中的价值标准，与真善的世界中全然不同，我们仅就事物的形状、色彩、姿态而欣赏，更不顾问其实用方面的价值了。

所以一枝枯木，一块怪石，在实用上全无价值，而在中国画家是很好的题材。无名的野花，在诗人的眼中异常美丽。故艺术家所见的世界，可说是一视同仁的世界，平等的世界。

艺术家的心，对于世间一切事物都给以热诚的同情。

故普通世间的价值与阶级，入了画中便全部撤销了。画家把自己的心移入于儿童的天真的姿态中而描写儿童，又同样地把自己的心移入于乞丐的病苦的表情中而描写乞丐。画家的心，必常与所描写的对象相共鸣共感，共悲共喜，共泣共笑；倘不具备这种深广的同情心，而徒事手指的刻划，绝不能成为真的画家。即使他能描画，所描的至多仅抵一幅照相。

画家须有这种深广的同情心，故同时又非有丰富而充实的精神力不可。倘其伟大不足与英雄相共鸣，便不能描写英雄；倘其

柔婉不足与少女相共鸣，便不能描写少女。故大艺术家必是大人格者。

艺术家的同情心，不但及于同类的人物而已，又普遍地及于一切生物、无生物；犬马花草，在美的世界中均是有灵魂而能泣能笑的活物了。诗人常常听见子规的啼血，秋虫的促织，看见桃花的笑东风，蝴蝶的送春归；用实用的头脑看来，这些都是诗人的疯话。其实我们倘能身入美的世界中，而推广其同情心，及于万物，就能切实地感到这些情景了。画家与诗人是同样的，不过画家注重其形式姿态的方面而已。没有体得龙马的活力，不能画龙马；没有体得松柏的劲秀，不能画松柏。中国古来的画家都有这样的明训。西洋画何独不然？我们画家描一个花瓶，必其心移入于花瓶中，自己化作花瓶，体得花瓶的力，方能表现花瓶的精神。我们的心要能与朝阳的光芒一同放射，方能描写朝阳；能与海波的曲线一同跳舞，方能描写海波。这正是"物我一体"的境涯，万物皆备于艺术家的心中。

为了要有这点深广的同情心，故中国画家作画时先要焚香默坐，涵养精神，然后和墨伸纸，从事表现。其实西洋画家也需要这种修养，不过不曾明言这种形式而已。不但如此，普通的人，对于事物的形色姿态，多少必有一点共鸣共感的天性。房屋的布置装饰，器具的形状色彩，所以要求其美观者，就是为了要适应天性的缘故。眼前所见的都是美的形色，我们的心就与之共感而觉得快适；反之，眼前所见的都是丑恶的形色，我们的心也就与之共感而觉得不快。不过共感的程度有深浅高下不同而已。对于形色的世界全无共感的人，世间恐怕没有；有之，必是天资极陋的人，或理智的奴隶，那些真是所谓"无情"的人了。

在这里我们不得不赞美儿童了。因为儿童大都是最富于同情的。且其同情不但及于人类，又自然地及于猫犬、花草、鸟蝶、鱼虫、玩具等一切事物，他们认真地对猫犬说话，认真地和花接吻，认真地和人像（doll）玩耍，其心比艺术家的心真切而自然得多！他们往往能注意大人们所不能注意的事，发现大人们所不能发见的点。所以儿童的本质是艺术的。

换言之，即人类本来是艺术的，本来是富于同情的。只因长大起来受了世智的压迫，把这点心灵阻碍或销磨了。唯有聪明的人，能不屈不挠，外部即使饱受压迫，而内部仍旧保藏着这点可贵的心。这种人就是艺术家。

西洋艺术论者论艺术的心理，有"感情移入"之说。所谓感情移入，就是说我们对于美的自然或艺术品，能把自己的感情移入于其中，没入于其中，与之共鸣共感，这时候就经验到美的滋味。我们又可知这种自我没入的行为，在儿童的生活中为最多。他们往往把兴趣深深地没入在游戏中，而忘却自身的饥寒与疲劳。《圣经》中说："你们不像小孩子，便不得进入天国。"小孩子真是人生的黄金时代！我们的黄金时代虽然已经过去，但我们可以因了艺术的修养而重新面见这幸福、仁爱而和平的世界。

自然

丰子恺

"美"都是"神"的手所造的。假手于"神"而造美的,是艺术家。

路上的褴褛的乞丐,身上全无一点人造的装饰,然而比时装美女美得多。这里的火车站旁边有一个伛偻的老丐,天天在那里向行人求乞。我每次下了火车之后,迎面就看见一幅米叶(Millet,今译米勒)的木炭画,充满着哀怨之情。我每次给他几个铜板——又买得一幅充满着感谢之情的画。

女性们煞费苦心于自己的身体的装饰。头发烫也不惜,胸臂冻也不妨,脚尖痛也不怕。然而真的女性的美,全不在乎她们所苦心经营的装饰上。我们反在她们所不注意的地方发现她们的美。不但如此,她们所苦心经营的装饰,反而妨碍了她们的真的女性的美。所以画家不许她们加上这种人造的装饰,要剥光她们的衣服,而赤裸裸地描写"神"的作品。

画室里的模特儿虽然已经除去一切人造的装饰,剥光了衣服;然而她们倘然受了作画学生的指使,或出于自心的用意,而装腔作势，想用人力硬装出好看的姿态来，往往越装越不自然，而所描的绘画越无生趣。印象派以来，裸体写生的画风盛于欧洲，普及于世界。使人走进绘画展览中，如入浴堂或屠场，满目是肉。然而用印象派的写生的方法来描出的裸体，极少有自然的、美的姿态。

自然的美的姿态，在模特儿上台的时候是不会有的；只有在其休息的时候，那女子在台旁的绒毡上任意卧坐，自由活动的时候，方才可以见到美妙的姿态，这大概是世间一切美术学生所同感的情形吧。因为在休息的时候，不复受人为的拘束，可以任其自然的要求而活动。"任天而动"，就有"神"所造的美妙的姿态出现了。

人在照相中的姿态都不自然，也就是为此。普通照相中的人物，都装着在舞台上演剧的优伶的神气，或南面而朝的王者的神气，或庙里的菩萨像的神气，又好像正在摆步位的拳教师的神气。因为普通人坐在照相镜头前面被照的时候，往往起一种复杂的心理，以致手足无措，坐立不安，全身紧张得很，故其姿态极不自然。加之照相者又要命令他"头抬高点！""眼睛看着！""带点笑容！"内面已在紧张，外面又要听照相者的忠告，而把头抬高，把眼钉住，把嘴勉强笑出，这是何等困难而又滑稽的办法！怎样教底片上显得出美好的姿态呢？我近来正在学习照相，因为嫌恶这一点，想规定不照人物的肖像，而专照风景与静物，即神的手所造的自然，及人借了神的手而布置的静物。

人体的美的姿态，必是出于自然的。换言之，凡美的姿态，都是从物理的自然的要求而出的姿态，即舒服的时候的姿态。这一点屡次引起我非常的铭感。无论贫贱之人，丑陋之人，劳动者，黄包车夫，只要是顺其自然的天性而动，都是美的姿态的所有者，都可以礼赞。甚至对于生活的幸福全然无分的，第四阶级以下的乞丐，这一点也绝不被剥夺，与富贵之人平等。不，乞丐所有的姿态的美，屡比富贵之人丰富得多。试入所谓上流的交际社会中，看那班所谓"绅士"，所谓"人物"的样子，点头，拱手，揖让，进退等种种不自然的举动，以及脸的外皮上硬装出来的笑容，敷衍应酬的不由衷的言语，实在滑稽得可笑，我每觉得这种是演剧，不是人的生活。过这样的生活，宁愿作乞丐。

　　被造物只要顺天而动，即见其真相，亦即见其固有的美。我往往在人的不注意，不戒备的时候，瞥见其人的真而美的姿态。但倘对他熟视或声明了，这人就注意，戒备起来，美的姿态也就杳然了。从前我习画的时候，有一天发现一个朋友的 pose（姿态）很好，要求他让我画一张 sketch（速写），他限我明天。到了明天，他剃了头，换了一套新衣，挺直了项颈危坐在椅子里，教我来画。……这等人都不足以言美。我只有和我的朋友老黄，能互相赏识其姿态，我们常常相对坐谈到半夜。老黄是画画的人，他常常嫌模特儿的姿态不自然，与我所见相同。他走进我的室内的时候，我倘觉得自己的姿势可观，就不起来应酬，依旧保住我的原状，让他先鉴赏一下。他一相之后，就会批评我的手如何，脚如何，全体如何。然后我们吸烟煮茶，晤谈别的事体。晤谈之中，我忽然在他的动作中发现了一个好的 pose，"不动！"他立刻石化，同画室里的石膏模型一样。我就欣赏或描写他的姿态。

不但人体的姿态如此，物的布置也逃不出这自然之律。凡静物的美的布置，必是出于自然的。换言之，即顺当的，妥帖的，安定的。取最贴近的例子来说：假如桌上有一把茶壶与一只茶杯，倘这茶壶的嘴不向着茶杯而反向他侧，即茶杯放在茶壶的后面，犹之孩子躲在母亲的背后，谁也觉得这是不顺当的，不妥帖的，不安定的。同时把这画成一幅静物画，其章法（构图）一定也不好。美学上所谓"多样的统一"，就是说多样的事物，合于自然之律而作成统一，是美的状态。

譬如讲坛的桌子上要放一个花瓶。花瓶放在桌子的正中，太缺乏变化，即统一而不多样。欲其多样，宜稍偏于桌子的一端。但倘过偏而接近于桌子的边上，看去也不顺当，不妥帖，不安定。同时在美学上也就是多样而不统一。大约放在桌子的三等分的界线左右，恰到好处，即得多样而又统一的状态。同时在实际也是最自然而稳妥的位置。这时候花瓶左右所余的桌子的长短，大约是三与五，至四与六的比例。这就是美学上所谓"黄金比例"。

黄金比例在美学上是可贵的，同时在实际上也是得用的。所以物理学的"均衡"与美学的"均衡"颇有相一致的地方。右手携重物时左手必须扬起，以保住身体的物理的均衡。这姿势在绘画上也是均衡的。兵队中"稍息"的时候，身体的重量全部搁在左腿上，右腿不得不斜出一步，以保住物理的均衡。这姿势在雕刻上也是均衡的。

故所谓"多样的统一""黄金律""均衡"等美的法则，都不外乎"自然"之理，都不过是人们窥察神的意旨而得的定律。

所以论文学的人说:"文章本天成,妙手偶得之"(陆游《文章》);论绘画的人说:"天机勃露,独得于笔情墨趣之外"(张庚《浦山论画》)。"美"都是"神"的手所造的,假手于"神"而造美的,是艺术家。

怎样学习美学？·答青年同志们的来信

朱光潜

最近一两年以来，我经常接到全国各地的青年同志们来信，提出一些关于学习美学方面的问题。这些问题可以归纳成两项：一项是怎样学习；一项是学习些什么，读些什么书。有些人还托我代购美学书籍或函索我的讲稿。对于这些来信我总是尽量抽工夫回答，但是信来得多，我的工作有时很忙，也有搁下来就忘记作复的。至于作复的也大半在匆忙中不能详细地说，恐怕也不能满足来信者的要求。

对于这种情形，我一方面看到同志们要求学习美学的热情很高而且很广泛，为我国美学发展的光明前途感到喜悦；另一方面也觉得我应该多帮助这些不耻下问的朋友们，而我的工作条件又不容许我有问必答。不免辜负他们的期望，心里也觉得是一种沉重的负担。因此我想就我所知道的来做一次总的回答。这封回信大半从个人有限的经验出发，说得很难周全，仅供参考而已。

先谈第一项怎样学习的问题。

很多青年同志向我表白心情，说自己对美学有很浓厚的兴趣，但是自觉基础不好，知识有限，恐怕难学得好，美学好像是一种高深莫测的学问。我看首先要打破这种顾虑，树立信心。欣赏文艺，爱好一切美好的事物，这愈来愈多地成为我们日常生活中的一项重要的活动。我们对于审美，每个人都有一些亲身的经验。一部电影，一部小说，一场戏，一朵花，一把茶壶，一个英雄人物，或是一个微小的举动，诸如此类的事物经常引起我们的美感。我们也经常不满意或是嫌厌一些其他事物，嫌它们丑。这就是我们学习美学所必有的而实际上也都有的感性基础。

所谓美学并不是什么高深或神秘的学问。它所要做的事就是把感性经验提高到理性认识，从知其美进到知其所以美，从亲身经验的美感现象进一步追求美的本质或规律。例如说从感觉到一朵花美，进一步分析这种感觉有什么特点，这朵花和旁的花或旁的事物比较起来，何以特别显得美？一朵花的美和一首咏花诗的美或一幅以花卉为题材的绘画的美是否是一回事？究竟是哪些条件使得一件事物美？为什么同是一件事物，某些人觉得美，某些人觉得不很美甚至丑？美的本质究竟是什么？它和真与善有什么联系又有什么区别？人为什么爱美？美对于人有什么意义？怎样才能把事物弄得更美一点，把生活弄得更美一点？

我想，对这些问题如果得到圆满的答复，美学就算学得不坏了。回答这些问题，就是把感性认识提高到理性认识，就是建立美学观点。**每个人都是一个审美者，每个人在这个基础上进行一些比较、分析和综合的思考工作，每个人就可以成为一个美学家。**

照这样看，美学是不难学的。可是许多美学论文和美学书籍为什么那样难懂？这里过错有时在作者，他们研究美学是单从书本出发的，单从概念出发的，他们没有把理论建筑在亲切的感性经验的基础上；他们自己没有想清楚，就说不清楚，当然也就无法叫旁人听清楚。过错有时也在读者，对于比较、分析和综合的思考工作，或是基本知识不够，基本技能训练不够；或是耐心不够，虚心不够，诚实不够；或是兼而有之。

在这里我只向读者或初学美学者谈一些基本要求。刚提到的耐心，虚心和诚实，是一切科学研究工作者所必具有的美德，但是这是提高思想觉悟的问题，在这方面不必由我来谈。我只谈基本知识和技能的问题。

关于美学方面的基本知识，首先要注意的是感性认识范围的逐渐扩大。美学的主要对象是文艺。在我们的百花齐放的国家里，可接触到的文艺现实是极其丰富多彩的，应该抓住一切可能的机会，多看文艺方面的作品、演出和展览，细心玩索体会，要求自己辨别好坏美丑，培养自己的审美能力。如果有可能，自己在某一两门艺术里进行一些创作，对创作有一些亲身的体会，那就远比只知欣赏强，而且会大大提高欣赏的能力，也会大大提高对艺术本质的认识，会在其中发现一些美学问题。

在广泛接触现实文艺的基础上，我们下一步就应该选择自己比较熟悉和比较爱好的一门或两门艺术，进行顺历史发展次第的研究。这一方面是为了在学习经验中培养历史发展的观点，这不但会扩大研究资料的范围，更重要的是因为历史观点是研究社会科学的唯一正确的观点；另一方面是为了古典遗产的批判继承，吸收一些有用的旧的东西，以便更好地建立新的东西。这种顺历史发展的线索研究文艺作品的工作，首先当然要从本国的入手，然后设法顺序学习这一两门文艺在西方主要国家里的发展概况。

在设法逐渐扩大对于文艺的感性认识范围之中，我们就会逐渐发现一些问题，举诗为例来说吧，诗的语言何以和散文的语言不同？这不同在多大程度上取决于内容？在多大程度上取决于传统的民族形式？诗的形式何以经常在变？诗所产生的美感究竟是来自形式、内容，还是内容与形式的统一体？何以有些诗在社会基础彻底变革了之后仍为广大人民所共同爱好？何以有些诗只是某一时期或某一阶层的人才爱好？如此等等。这些问题都要牵涉美学上的基本问题。美学像其他科学一样，是为解决问题的。有问题待解决，一门科学才有存在和发展的基础。

如果你心中对审美活动没有任何问题，你对美学就还没有真正的需要，也就不会真正感觉到兴趣。你之所以没有问题，并不是客观方面真正没有问题，而是因为你还真正是"一窍不通"，你之所以还是一窍不通，不是因为你书读得少，而是因为你是懒汉，对许多摆在眼前的事物根本不加思考，因而也就还没有培养起独立思考的能力。我认为学习美学或是任何其他科学，先就要打通这一关：扩大眼界，发现问题，并且力求自己解决问题。这就是说，在阅读美学书籍之前，你最好心里有了一系列问题，而且对这一系列的问题多少已有了自己的看法（尽管是不成熟的），在这个基础上去读书，书就容易读得进去，书对于你才是有的放矢，才能有所启发。结合书中的看法来比较你原有的看法，看看有哪些类似，有哪些不同，有哪些看法是你从来就没有想到的，这样进行比较分析，你就会发现愈来愈多的问题以及你原来还不知道的解决问题的角度和方法,你的思考就会逐渐深入,你的美学水平也就会逐渐提高。

学美学单靠自己思考是不够的,当然也要阅读一些书籍。美学不是一门孤立的学问,单靠阅读美学书籍,也绝不能学通美学。这就要牵涉读者来信所询问的第二项问题:学习些什么?读些什么书?

我不打算在这里开出一个庞大的书目。这不但是不必要的,而且对于初学者是有害的,因为它会使人望洋兴叹。我在这里只提出最基本的要求。根据我自己的经验,多读第二手资料(即原著的转述或发挥)往往不但是浪费时间,而且容易造成思想的混乱。因此,我所提的大半限于最重要的经典性的原著,只偶尔涉及转述性或阐明性的书籍。

关于理论基础的训练,首先是对马克思列宁主义的掌握,因为只有根据马克思列宁主义的立场、观点和方法,才能建立起正确的美学观点。我假定我们的读者都已学过马克思列宁主义的哲学,只谈马克思主义创始人关于文艺理论和美学的著作。我们已有了几种马克思、恩格斯论文艺的选本。最近曹葆华同志译的一种《马克思恩格斯论艺术》是比较有用的。每个学美学的人都应该找到一部,作为长期细心钻研的经典性的指示。不过这部书也有些毛病,例如,在编排方面很庞杂,大半是割裂原文,断章取义,看不出与上下文的连贯,而且一段同时涉及许多问题的文章被勉强纳在某一类的鸽子笼里,也会限制读者的思路;译文也有生硬或错误的地方,有待改进。

我认为学习马克思列宁主义的美学观点,必须从经典原著里去学习。在这方面真正重要的第一是马克思的 1844 年的《经济学哲学手稿》(其中论劳动异化和共产主义远景两章是马克思主义美学思想的奠基石);其次是马克思在《政治经济学批判导言》里以及马克思和恩格斯在《德意志意识形态》里关于基础和上层建筑以及社会分工所建立的一些原则;第三是列宁的《党的组织和党的文学》和评论托尔斯泰的几篇文章;第四是毛泽东同志的《在延安文艺座谈会上的讲话》。对这几种经典著作必须掌握全文,熟读深思,不应满足于选本中的一些割裂开来的段落。特别是马克思的早年著作一般是很难懂的,但是如果就全书上下连贯起来看,有些难懂的地方是可以经过反复思考而真正弄懂的。读割裂开来的段落就难做到这一点。

其次应该学习的是美学史。美学作为一门独立的科学,虽然还不过两百年左右,但是美学思想在中国和西方都有很长久的历史。学习美学史,我们就会认识到美学思想的发展,就会知道我们现在所碰到的和要解决的一些美学问题已经由过去许多思想家摸索过,争论过;他们走了一些弯路,也走了一些正路,积累了许多有益的经验。这些知识对解决我们当前的美学问题是大有帮助的。我们要当美学的家,就要理清美学的家当,不必一切都凭空起炉灶,或是再走前人所已走过的弯路。

中国美学史正由有关院校在整理资料,计划编写中。西方美学史我所看过的还是克罗齐和鲍申葵所写的两种,根据比较确凿,自己也有些见解,尽管这些见解有时很偏,但都不难读,特别是鲍申葵的。比较近的基尔博特和库恩(Gilbert and Kuhn)的《美学史》,材料搜集得不少,但是介绍得很杂乱,分析很差(这书原著用英文,有俄文译本)。有些美学教科书里也留出一部分来讲美学史,我看过两三种,都嫌简略,很少能把问题讲透。我自己在针对中国初学者的需要,编写一部《西方美学史》,附带编选一部《西方美学史资料》,希望在1962年秋季完成。

不过学习美学史,最重要的途径还是通过经典著作来学。在西方,美学著作虽是浩如烟海,真正的历史上起重大影响的只有几部著作。例如,柏拉图的《文艺对话集》、亚里士多德的《诗学》、康德的《判断力批判》和黑格尔的《美学》。康德和黑格尔的著作都比较难懂,特别是从译文去理解,困难更大。因此,对有志在美学方面深造的人来说,学习一两种西方语言,能达到自由阅读的程度,是非常必要的。多学会一种外国文,就等于多长了一双眼睛,有多占领一块土地的可能。

以上所举的四种马克思主义的文艺理论和美学的经典著作和四种西方美学史的经典著作是学习美学者所必须掌握的"当家书"。此外当然还有一些次要的富于启发性的书。例如,贺拉斯的《诗艺》、狄德罗的论美和论戏剧的著作,莱辛的《拉奥孔》、车尔尼雪夫斯基的《生活与美学》、普列汉诺夫的《艺术与社会生活》等,或是已出单行本,或是散见于《文艺理论译丛》和《译文》及其后身《世界文学》里,读者宜设法搜来作为经常阅读和参考的资料。

美学要牵涉一些其他科学。其中最重要的有两种。一种是哲学史,因为美学过去一直是隶属于哲学的,要了解一个思想家的美学观点,就必须知道他的哲学出发点。苏联科学院出的《哲学史》一、二两卷可以参考。其次是心理学,因为美学要研究审美活动的欣赏和创造两方面，都涉及心理学的问题，可以说，不懂得心理学，就不可能懂得美学。这方面近来出的书不少，究竟哪一种比较合适，还要请教心理学专家。

我过去学的都是西方资产阶级学者写的，也想不出哪一本较好。在我学习的年代，美国伍德华兹（Woodworth）写的《心理学》和英国麦独孤（McDougall）的《变态心理学大纲》是比较流行的，现在恐怕已经过时了。法国里波（Ribot）论形象思维的《创造的想象》和德拉库瓦（Delacroix）的《艺术心理学》虽都是几十年以前的老书，却都还值得学习。

无论是谁，无论学的是哪一种科学，在前进的途程中都会经常感觉到由于这门或那门知识的缺乏，造成这样或那样的困难。这是一般规律。各人应该根据自己的需要和条件，努力随时填补自己所必须填补的空白点。在学习上不可能等到万事俱备，再乘东风。每个人的基础都不是生来就有的，都是由日积月累来的。只要有上文所提到的耐心、虚心和诚实，旁人能积累得来的我们也就能积累得来。稳扎稳打，就一定会成功。"望洋兴叹"的怯懦心情以及希望"一蹴而就"的急躁情绪，对学习是有害的。

我敬祝无数热情学习美学的青年同志们再接再厉，勇猛前进，每个人争取在我们行将建立的美学大厦里放下一块奠基石或是砌上一块砖瓦！这就是我对诸位的新春祝贺！

美育与人生

蔡元培

人的一生，不外乎意志的活动，而意志是盲目的，其所恃以为较近之观照者，是知识；所以供远照、旁照之用者，是感情。

意志之表现为行为。行为之中，以一己的卫生而免死、趋利而避害者为最普通；此种行为，仅仅普通的知识，就可以指导了。进一步的，以众人的生及众人的利为目的，而一己的生与利即托于其中。此种行为，一方面由于知识上的计较，知道众人皆死而一己不能独生；众人皆害而一己不能独利。又一方面，则亦受感情的推动，不忍独生以坐视众人的死，不忍专利以坐视众人的害。更进一步，于必要时，愿舍一己的生以救众人的死；愿舍一己的利以去众人的害，把人我的分别，一己生死利害的关系，统统忘掉了。这种伟大而高尚的行为，是完全发动于感情的。

人人都有感情，而并非都有伟大而高尚的行为，这由于感情推动力的薄弱。要转弱而为强，转薄而为厚，有待于陶养。陶养的工具，为美的对象陶养的作用，叫作美育。

美的对象，何以能陶养感情？因为它有两种特性：一是普遍；二是超脱。

一瓢之水，一人饮了，他人就没得分润；容足之地，一人占了，他人就没得并立；这种物质上不相入的成例，是助长人我的区别、自私自利的计较的。转而观美的对象，就大不相同。凡味觉、嗅觉、肤觉之含有质的关系者，均不以美论；而美感的发动，乃以摄影及音波辗转传达之视觉与听觉为限。所以纯然有"天下为公"之概。名山大川，人人得而游览；夕阳明月，人人得而赏玩；公园的造像，美术馆的图画，人人得而畅观。齐宣王称"独乐乐不若与人乐乐"；"与少乐乐不若与众乐乐"；陶渊明称"奇文共欣赏"；这都是美的普遍性的证明。

植物的花，不过为果实的准备；而梅、杏、桃、李之属，诗人所咏叹的，以花为多。专供赏玩之花，且有因人择的作用，而不能结果的。动物的毛羽，所以御寒，人固有制裘、织呢的习惯；然白鹭之羽，孔雀之尾，乃专以供装饰。宫室可以避风雨就好了，何以要雕刻与彩画？器具可以应用就好了，何以要图案？语言可以达意就好了，何以要特制音调的诗歌？可以证明美的作用，是超越乎利用的范围的。

既有普遍性以打破人我的成见，又有超脱性以透出利害的关系；所以当着重要关头，有"富贵不能淫，贫贱不能移，威武不能屈"的气概；甚且有"杀身以成仁"而不"求生以害仁"的勇敢；这种是完全不由于知识的计较，而由于感情的陶养，就是不源于智育，而源于美育。

所以吾人固不可不有一种普通职业，以应利用厚生的需要；而于工作的余暇，又不可不读文学，听音乐，参观美术馆，以谋知识与感情的调和，这样，才算是认识人生的价值了。

"美"

瞿秋白

普洛廷,新柏拉图派的哲学家说:

"美"的观念是人的精神所具有的,它不能够在真实世界里找着自己的表现和满足,就使人造出艺术来,在艺术里它——"美的观念"——就找到了自己的完全的实现。

对于那些轻视艺术而认为艺术在自己的作品里不过在模仿自然界的人,首先可以这样反驳他们:自然界产物的本身也是模仿,而且,艺术并不满足于现象的简单模仿,而在使得现象高升到那些产生自然界的理想,最后,艺术使得许多东西联结着自己,因为它本身占有着"美",所以它在补充着自然界的缺陷。

康德说:"艺术家从自然界里取得了材料,他的想象在改造着它,这是为着完全不同的另外一种东西的,这东西已经站在自然界之上(比自然界更高尚了)。"黑格尔说,美"属于精神界,但是它并不同经验以及最终精神的行为有什么关涉,'美术'的世界是绝对精神的世界"。

这是"美"的"最后的"宗教式的唯心论的解释。

然而所谓"美"——"理想"对于各种各式的人是很不同的,非常之不同的。

对于施蛰存,"美"——是丰富的字汇,《文选》式的修养,以及《颜氏家训》式的道德,这最后一位是用佛家报应之说补充孔孟之不足的。

对于文素臣(《野叟曝言》),"美的理想"是:上马杀贼,下马万言,房中耍奇"术",房外讲理学……以至于麟凤龟龙咸来呈瑞,万邦夷狄莫不归朝。

对于西门庆,"美的理想"只有五个字:潘驴邓小闲。

对于"三笑",是状元和美婢的团圆,以及其他一切种种福禄寿。

对于……

究竟"美"是什么啊?

照上面的说来,仿佛这是"一厢情愿",补充一下自然界的缺陷。乡下姑娘为的要吃饱几顿麻花油条,她就设想自己做了皇后,在"正宫"里,摆着"那么那么大的柜子,满柜子都是麻花油条呵!"这其实也是艺术。

然而"现实生活,劳工对于 drama(戏剧)是太 dramatic(戏剧化)了,对于 poetry(诗)是太 poetic(诗化)了。""艺术是自然现象和人生现象的再现。"艺术的范围不止是"美","高尚"和"comic"(喜剧),这是人生和自然之中对于人有兴趣的一切。不要神学,上帝,"绝对精神"的"补充",而要改造现实的现实。

欧洲人的"绝对精神",理想之中的"美"——以及中国的caricature(讽刺画):"潘驴邓小闲"之类,或是隐逸山林之类,都是艺术的桎梏。可叹的是欧洲还有"宗教的,神秘的"理想和它的艺术,而中国的韩退之和文素臣,袁子才和"礼拜六"似乎已经尽了文人之能事了。

"如果很多艺术作品只有一种意义——再现人生之中对于人有兴趣的现象,那么,很多其他的作品,除此之外,除开这基本意义之外,还有更高的意义——就是解释那再现的现象。最后,如果艺术家是个有思想的人,那么,他不会没有对于那再现的现象的意见——这种意见,不由自主的,明显的或是暗藏的,有意的或是无意的,要反映在作品里,这就使得作品得到第三种意义:对于所再现的现象的思想上的判决……"

这"再现"并非模仿,并非底稿,并非抄袭。在这方面,艺术对于科学有非常之大的帮助——非常能够传播科学所求得的概念到极大的群众之中去,因为读艺术作品比科学的公式和分析要容易得多,有趣得多。

文艺之美

书法指导

梁启超

（甲）书法是优美便利的娱乐工具

凡人必定要有娱乐。在正当的工作及研究学问以外，换一换空气，找点娱乐，精神才提得起来。假使全是义务工作，生活一定干燥、厌烦、无味。有一两样或者两三样娱乐品调剂一下，生活就有趣味多了。

娱乐的工具很多，譬如喝酒、打牌、下棋、唱歌、听戏、弹琴、绘画、吟诗，都是娱乐，各有各的好处。但是要在各种娱乐之中，选择一种最优美最便利的娱乐工具，我的意见——亦许是偏见，以为要算写字。写字有好几种优美便利处。

一、可以独乐。一人不饮酒，二人不打牌。唱歌听戏，要聚合多人，才有意思。就是下棋，最少也要两个人，单有一个人，那是乐不成的。惟有写字，不管人多人少，同乐亦可，独乐亦可，最为便利，不必一定要有同伴。

二、不择时，不择地。打球必定要球场，听戏必定要戏园，而且要天气好，又要有一定的时候。其他各种娱乐皆然，多少总有点限制。惟有写字,不择时候,不择地方,早上可以,晚上亦可以,户内可以,户外亦可以。只需桌子、笔墨,随时随地,可以娱乐,非常的自由。

三、费钱不多。奏音乐要买钢琴,要买環珈玲,价钱都很贵,差不多的人不愿买。惟有写字,不需设备,有相当的纸墨笔就可以。墨笔最贵的不过一两元钱,写得好,可以写几个月。纸更便宜,几角钱,可以买许多,无论多穷,亦玩得起。

四、费时间不多。打牌绘画,都很费时间。牌除非不打,一打起码四圈,有时打到整天整夜。作画画得好,要五日一山,十日一水。惟有写字,一两点钟可以,一二十分钟亦可以。有机会,有工夫,提笔就写,不费多少时间。

五、费精神不多。作诗固然快乐,但是很费脑力。如古人所谓"吟成五个字,捻断数根须"。非呕心沥血,不易作好。下棋亦然,古人常说"长日惟消一局棋",你想那是何等的费事。惟有写字,在用心不用心之间,脑筋并不劳碌。

六、成功容易而有比较。学画很难学会,成为一个画家,尤为难上加难。唱歌比较容易一点,但是进步与否,无法比较。昨日的声音,今日追不回来。惟有写字,每天几页,有成绩可见,上月可以同下月比较,十年之前可以同十年之后比较。随时进步,自然随时快乐。

七、收摄身心。每天有许多工作,或劳心,或劳力,做完以后,心力交瘁,精神游移,身体亦异常疲倦。惟有写字,在注意不注意之间,略为写几页,收摄精神,到一个肃穆的境界,身心自然觉得安泰舒畅。所以要想收摄身心,写字是一个最好的法子。

依我看来，写字虽不是第一项的娱乐，然不失为第一等的娱乐。写字的性质，是静的，不是动的，与打球唱歌不同。喜欢静的人，觉得兴味浓深；喜欢动的人，亦应当拿来调剂一下。起初虽快乐略小，往后一天天的快乐就大起来了。

写字作为娱乐的工具，有这么许多好处，所以中国先辈，凡有高尚人格的人，大半都喜欢写字。如像曾文正、李文忠，差不多每天都写，虽当军书旁午，亦不间断。曾文正无论公务如何忙碌，每一兴到，非写不可。李文忠事事学曾，旁的赶他不上，而规定时刻，日常写字，同曾一样。这种娱乐，又优美，又便利。要我来讲，不由我不高兴。

（乙）书法在美术上的价值

爱美是人类的天性，美术是人类文化的结晶。所以凡看一国文化的高低，可以由它的美术表现出来。美术，世界所公认的为图画、雕刻、建筑三种。中国于这三种之外，还有一种，就是写字。外国人写字，亦有好坏的区别，但是以写字作为美术看待，可以说绝对没有。因为所用工具不同，用毛笔可以讲美术，用钢笔铅笔，只能讲便利。中国写字有特别的工具，就成为特别的美术。

写字比旁的美术不同，而仍可以称为美术的原因，约有四点：

一、线的美。这种美的要素，欧美艺术家，讲究得极为精细。做张椅子，也要看长短、疏密、粗细、弯直，做得好就美，做得不好就不美。线的美，在美术中，为最高等，不靠旁物的陪衬，专靠本身的排列。譬如一个美人，专讲涂脂敷粉，只能算第二三等脚色。要五官端正，身材匀称，才算头等脚色。假如鼻大眼小，那就是丑，五官凑在一块，亦是丑。真正的美，在骨格的摆布，四平八稳，到处相称。在真美中，线最重要，西洋美术，最讲究线。

黑白相称，如电灯照出来一样，这种美术，以前不发达，近来才发达。这种美术，最能表示线的美，而且以线为主。写字就是要黑白相称。同是"天地玄黄"几个字，王羲之这样写，我们亦这样写，他写得好，我们写得丑，就是他的字黑白相称，我们的字黑白不相称。向来写字的人，最主要的有一句话："计白当黑"。写字的时候，先计算白的地方，然后把黑的笔画嵌上去，一方面从白的地方看美，一方面从黑的地方看美。

一个字的解剖，要计白当黑。一行字，一幅字，全部分的组织，亦要计白当黑。譬如方才讲的"天地玄黄"几个字，王羲之摆得好，我们摆得不好。但是让王羲之写"天"字，欧阳询写"地"字，颜鲁公写"玄"字，苏东坡写"黄"字，合在一起，一定不好。因为大家下笔不同。计算黑白不同，所以混合起来，就不美了。线的美，同时又要全部计算。

做椅子如此，写字如此，全屋子的摆设，亦是如此。譬如这间屋子，本来是宴会厅，现在暂时作为讲演室，桌子椅子横七竖八的凑在一起，就不美了，因为线的排列不好。真的美，一部分的线，要妥帖，全部分的线，亦要妥帖。如果绘画，要用很多的线，表示最高的美。字不比画，只需几笔，也就可以表示最高的美了。

二、光的美。绘画要调颜色，红绿相间，才能算美。就是墨笔画，不用颜色，但是亦有浓淡，才能算美。写字这件事，说来奇怪，不必颜色，不必浓淡，就是墨，而且很匀称的墨，就可以表现美出来。写得好的字，墨光浮在纸上，看去很有精神，好的手笔，好的墨汁，几百年、几千年，墨光还是浮起来的。这种美，就叫着光的美。

西洋的画，亦讲究光，很带一点神秘性。对于看画，我自己是外行，实在不容易分出好坏。但是也曾被人指点过，说某幅有光，某幅无光。我自己虽不大懂，总觉得号称有光那几幅，真是光彩动人。不过西洋画所谓有光，或者因为颜色，或者因为浓淡，那是自然的结果。中国的字，墨白两色相间，光线即能浮出，在美术界类似这样的东西，恐怕很少。

三、力的美。写字完全仗笔力，笔力的有无，断定字的好坏，而笔力的有无，一写下去，立刻可以看出来。旁的美术，可以填，可以改。如像图画，先打底稿，再画，画得不对再改。油画，尤其可以改。先画一幅人物，在上面可以改一幅山水。如像雕刻，虽亦看腕力，然亦可改，并不是一下去就不动。建筑，更可以改，建得不美，撤了再建。无论何美术，或描或填或改，总可以设法补救。

写字，一笔下去，好就好，糟就糟，不能填，不能改，愈填愈笨，愈改愈丑。顺势而下，一气呵成，最能表现真力。有力量的飞动、遒劲、活跃，没有力量的呆板、萎靡、迟钝。我们看一幅画，不易看出作者的笔力；我们看一幅字，有力无力，很容易鉴别。纵然你能模仿，亦只能模仿形式，不能模仿笔力，只能说学得像，不容易说学得一样的有力。

四、个性的表现。美术有一种要素，就是表现个性。个性的表现，各种美术都可以，即如图画、雕刻、建筑，无不有个性存乎其中。但是表现得最亲切，最真实，莫如写字。前人曾说："言为心声，字为心画。"这两句话，的确不错。放荡的人，说话放荡，写字亦放荡；拘谨的人，说话拘谨，写字亦拘谨。一点不能做作，不能勉强。

旁的可假，字不可假。一个人有一个人的笔迹，旁人无论如何模仿不来。不必要毛笔才可以认笔迹，就是钢笔铅笔，亦可以认笔迹，是谁写的，一看就知道。因为各人个性不同，所以写出来的字，也就不同了。美术有一种要素，是在发挥个性，而发挥个性最真确的，莫如写字。如果说能够表现个性，就是最高美术，那么各种美术，以写字为最高。

写字有线的美，光的美，力的美，表现个性的美，在美术上，价值很大。或者因为我喜欢写字，有这种偏好，所以说各种美术之中，以写字为最高。旁的所没有的优点，写字有之；旁的所不会表现的，写字能表现出来。

文人画之价值

陈师曾

何谓文人画？即画中带有文人之性质，含有文人之趣味，不在画中考究艺术上之工夫，必须于画外看出许多文人之感想，此之所谓文人画。或谓以文人作画，必于艺术上功力欠缺，节外生枝，而以画外之物为弥补掩饰之计。殊不知画之为物，是性灵者也，思想者也，活动者也；非器械者也，非单纯者也。否则直如照相器，千篇一律，人云亦云，何贵乎人邪？何重乎艺术邪？

所贵乎艺术者，即在陶写性灵，发表个性与其感想。而文人又其个性优美，感想高尚者也，其平日之所修养品格，迥出于庸众之上，故其于艺术也，所发表抒写者，自能引人入胜，悠然起澹远幽微之思，而脱离一切尘垢之念。然则观文人之画，识文人之趣味，感文人之感者，虽关于艺术之观念浅深不同，而多少必含有文人之思想；否则如走马看花，浑沦吐枣，盖此谓此心同、此理同之故耳。

世俗之所谓文人画，以为艺术不甚考究，形体不正确，失画家之规矩，任意涂抹，以丑怪为能，以荒率为美；专家视为野狐禅，流俗从而非笑，文人画遂不能见赏于人。而进退趋跄，动中绳墨，彩色鲜丽，搔首弄姿者，目为上乘。虽然，阳春白雪，曲高寡和，文人画之不见赏流俗，正可见其格调之高耳。

夫文人画，又岂仅以丑怪荒率为事邪？旷观古今文人之画，其格局何等谨严，意匠何等精密，下笔何等矜慎，立论何等幽微，学养何等深醇，岂粗心浮气轻妄之辈所能望其肩背哉！但文人画首重精神，不贵形式，故形式有所欠缺而精神优美者，仍不失为文人画。文人画中固亦有丑怪荒率者，所谓宁朴毋华，宁拙毋巧；宁丑怪，毋妖好；宁荒率，毋工整。纯任天真，不假修饰，正足以发挥个性，振起独立之精神，力矫软美取姿、涂脂抹粉之态，以保其可远观、不可近玩之品格。故谢赫六法，首重气韵，次言骨法用笔，即其开宗明义，立定基础，为当门之棒喝。至于因物赋形，随类傅彩，传摹移写等，不过入学之法门，艺术造形之方便，入圣超凡之借径，未可拘泥于此者也。

盖尝论之，东坡诗云："论画贵形似，见与儿童邻。"乃玄妙之谈耳。若夫初学，舍形似而骛高远，空言上达，而不下学，则何山川鸟兽草木之别哉？仅拘拘于形似，而形式之外，别无可取，则照相之类也；人之技能又岂可与照相器具药水并论邪？即以照相而论，虽专任物质，而其择物配景，亦犹有意匠寓乎其中，使有合乎绘画之理想与趣味。何况纯洁高尚之艺术，而以吾人之性灵感想所发挥者邪？

文人画有何奇哉？不过发挥其性灵与感想而已。试问文人之事何事邪？无非文辞诗赋而已。文辞诗赋之材料，无非山川草木、禽兽虫鱼及寻常目所接触之物而已。其所感想，无非人情世故、古往今来之变迁而已。试问画家所画之材料，是否与文人同？若与之同，则文人以其材料寄托其人情世故、古往今来之感想，则画也谓之文亦可，谓之画亦可。而山川草木、禽兽虫鱼、寻常目所接触之物，信手拈来，头头是道。譬如耳目鼻舌，笔墨也；声色臭味者，山川鸟兽虫鱼，寻常目所接触之物也。而所以能视听言动触发者，乃人之精神所主司运用也。文人既有此精神，不过假外界之物质以运用之，岂不彻幽入微、无往而不可邪？虽然，耳目鼻舌之具有所妨碍，则视听言动不能自由，故艺术不能不习练。文人之感想性格各有不同，而艺术习练之程度有等差，此其所以异耳。

今有画如此，执涂之人而使观之，则但见其有树、有山、有水，有桥梁、屋宇而已。进而言之，树之远近、山水之起伏来去、桥梁屋宇之位置，俨然有所会也。若夫画之流派、画之格局、画之意境、画之趣味，则茫然矣。何也？以其无画之观念，无画之研究，无画之感想。故文人不必皆能画，画家不必皆能文。以文人之画而使文人观之，尚有所阂，何况乎非文人邪？以画家之画，使画家观之，则庶几无所阂，而宗派系统之差，或尚有未能惬然者。以文人之画而使画家观之，虽或引绳排根，旋议其后，而其独到之处，固不能不俯首者。若以画家之画与文人之画，执涂之人使观之，或无所择别，或反以为文人画不若画家之画也。呜呼！喜工整而恶荒率，喜华丽而恶质朴，喜软美而恶瘦硬，喜细致而恶简浑，喜浓缛而恶雅澹，此常人之情也。

艺术之胜境，岂仅以表相而定之哉？若夫以纤弱为娟秀，以粗犷为苍浑，以板滞为沉厚，以浅薄为淡远，又比比皆是也。舍气韵骨法之不求,而斤斤于此者,盖不达乎文人画之旨耳。

文人画由来久矣,自汉时蔡邕、张衡辈,皆以画名。虽未睹其画之如何,固已载诸史籍。六朝庄老学说盛行,当时之文人,含有超世界之思想,欲脱离物质之束缚,发挥自由之情致,寄托于高旷清静之境。如宗炳、王微其人者,以山水露头角,表示其思想与人格,故两家皆有画论。东坡有题宗炳画之诗,足见其文人思想之契合矣。王廙,王羲之、献之一家,则皆旗帜鲜明。渐渐发展,至唐之王维、王洽、王宰、郑虔辈,更蔚然成一代之风,而唐王维又推为南宗之祖。当时诗歌论说,皆与画有密切之关系。流风所被,历宋元明清,绵绵不绝,其苦心孤诣,盖可从想矣。

南北两宋,文运最隆,文家、诗家、词家彬彬辈出,思想最为发达,故绘画一道亦随之应运而兴,各极其能。欧阳永叔、梅圣俞、苏东坡、黄山谷,对于绘画皆有题咏,皆能领略;司马君实、王介甫、朱考亭,在画史上皆有名。足见当时文人思想与绘画极相契合。华光和尚之墨梅、文与可之墨竹,皆于是时表见。梅与竹不过花卉之一种。墨梅之法自昔无所闻,墨竹相传在唐时已有之。张璪、张立、孙位有墨迹;南唐后主之铁钩锁、金错刀,固已变从来之法。至文湖州竹派,开元明之法门,当时东坡识其妙趣。文人画不仅形于山水,无物不可寓文人之兴味也明矣。

且画法与书法相通,能书者大抵能画,故古今书画兼长者,多画中笔法与书无以异也。宋龚开论画云:"人言墨鬼为戏笔,是大不然。此乃书家之草圣也,岂有不善真书而能作草者?"陆探微因王献之有一笔书，遂创一笔画。赵子昂论画诗："石如飞白木如籀，写竹还须八法通。若也有人能会此，须知书画本来同。"又赵子昂问画道于钱舜举："何以称士气？"答曰："隶体耳。画史能辨之，即可无翼而飞。不尔便落邪道，愈工愈远。"

柯九思论画竹："写竹干用篆法，枝用草书法，写叶用八分法，或用鲁公撇笔法，木石用折钗股、屋漏痕之遗意。"南唐后主用金错书法画竹，可见文人画不但意趣高尚，而且寓书法于画法，使画中更觉不简单。非仅画之范图内用功便可了事，尚须从他种方面研究，始能出色。故宋元明清文人画颇占势力，盖其有各种素养、各种学问凑合得来。即远而言之，蔡邕、王廙、羲、献，皆以书家而兼画家者也。

倪云林自论画云："仆之所谓画者，不过逸笔草草，不求形似，聊以自娱。"又论画竹云："余画竹聊以写胸中逸气耳，岂复较其是与非。"吴仲圭论画云："墨戏之作，盖士大夫词翰之余，适一时之兴趣。"由是观之，可以想见文人画之旨趣，与东坡若合符节。元之四大家，皆品格高尚，学问渊博，故其画上继荆、关、董、巨，下开明、清诸家法门。四王、吴、恽，都从四大家出。其画皆非不形似，格法精备，何尝牵强不周到，不完足？即云林不求形似，其画树何尝不似树，画石何尝不似石？所谓不求形似者，其精神不专注于形似，如画工之钩心斗角，惟形之是求耳。其用笔时，另有一种意思，另有一种寄托，不斤斤然刻舟求剑，自然天机流畅耳。且文人画不求形似，正是画之进步。

何以言之？吾以浅近取譬。今有人初学画时，欲求形似而不能，久之则渐似矣，久之则愈似矣。后以所见物体记熟于胸中，则任意画之，无不形似，不必处处描写，自能得心应手，与之契合。盖其神情超于物体之外，而寓其神情于物象之中，无他，盖得其主要之点故也。庖丁解牛，中其肯綮，迎刃而解，离形得似：妙合自然。其主要之点为何？所谓象征（Symbol）是也。

征诸历史之经过，汉以前之画甚难见；三代钟鼎之图案与文字，不过物象之符记，然而近似矣。文字亦若画，而不得谓之画。汉之石画，古拙朴鲁，较三代则又近似矣。六朝造象，则面目衣纹，俨然画家法度，此但见于刻石者也。

若纸本缣素，则必彩色工丽，六朝进于汉魏，隋唐进于六朝，人意之求工，亦自然之趋势。而求工之一转，则必有草草数笔而摄全神者。宗炳、陆探微之有一笔画，盖此意欤？宋人工丽，可谓极矣。如黄筌、徐熙、滕昌祐、易元吉辈，皆写生能手。而东坡、文与可，极不以形似立论。人心之思想，无不求进；进于实质，而无可回旋，无宁求于空虚，以提揭乎实质之为愈也。

以一人之作画而言，经过形似之阶级，必现不形似之手腕。其不形似者，忘乎筌蹄，游于天倪之谓也。西洋画可谓形似极矣！自十九世纪以来，以科学之理研究光色，其于物象体验入微。

而近来之后印象派，乃反其道而行之，不重客体，专任主观。立体派、未来派、表现派，联翩演出，其思想之转变，亦足见形似之不是尽艺术之长，而不能不别有所求矣。或又谓文人画过于深微奥妙，使世人不易领会，何不稍卑其格，期于普及耶？此正如欲尽改中国之文辞以俯就白话，强已能言语之童而学呱呱婴儿之泣，其可乎？欲求文人画之普及，先须于其思想品格之陶冶；世人之观念，引之使高，以求接近文人之趣味，则文人之画自能领会，自能享乐。不求其本而齐其末，则文人画终流于工匠之一途，而文人画之特质扫地矣。若以适俗应用而言，则别有工匠之画在，又何必以文人而降格越俎耶？

文人画之要素：第一人品，第二学问，第三才情，第四思想。具此四者，乃能完善。盖艺术之为物，以人感人，以精神相应者也。有此感想，有此精神，然后能感人而能自感也。所谓感情移入，近世美学家所推论，视为重要者，盖此之谓也欤？

论中国建筑之几个特征

林徽因

中国建筑为东方最显著的独立系统,渊源深远,而演进程序单纯,历代继承,线索不紊,而基本结构上又绝未因受外来影响致激起复杂变化者。不止在东方三大系建筑之中,较其他两系——印度及阿拉伯(回教建筑)——享寿特长,通行地面特广,而艺术又独臻于最高成熟点。即在世界东西各建筑派系中,相较起来,也是个极特殊的直贯系统。

大凡一例建筑,经过悠长的历史,多掺杂外来影响,而在结构、布置乃至外观上,常发生根本变化,或循地理推广迁移,因致渐改旧制,顿易材料外观,待达到全盛时期,则多已脱离原始胎形,另具格式。独有中国建筑经历极长久之时间,流布甚广大的地面,而在其最盛期中或在其后代繁衍期中,诸重要建筑物,均始终不脱其原始面目,保存其固有主要结构部分及布置规模,虽则同时在艺术工程方面,又皆无可置议地进化至极高程度。

更可异的是:产生这建筑的民族的历史却并不简单,且并不缺乏种种宗教上、思想上、政治组织上的叠出变化;更曾经多次与强盛的外族或在思想上和平地接触（如印度佛教之传入），或在实际利害关系上发生冲突战斗。

这结构简单、布置平整的中国建筑初形，会如此的泰然，享受几千年繁衍的直系子嗣，自成一个最特殊、最体面的建筑大族，实是一种极值得研究的现象。

虽然，因为后代的中国建筑，即达到结构和艺术上极复杂精美的程度，外表上却仍呈现出一种单纯简朴的气象，一般人常误会中国建筑根本简陋无甚发展，较诸别系建筑低劣幼稚。

这种错误观念最初自然是起于西人对东方文化的粗忽观察，常作浮躁轻率的结论，以致影响到中国人自己对本国艺术发生极过当的怀疑乃至于鄙薄。好在近来欧美迭出深刻的学者对于东方文化慎重研究，细心体会之后，见解已迥异于从前，积渐彻底会悟中国美术之地位及其价值。但研究中国艺术尤其是对于建筑，比较是一种新近的趋势。外人论著关于中国建筑的，尚极少好的贡献，许多地方尚待我们建筑家今后急起直追，搜寻材料考据，作有价值的研究探讨，更正外人的许多隔膜和谬解处。

在原则上，一种好建筑必含有以下三要点：实用、坚固、美观。实用者：切合于当时当地人民生活习惯，适合于当地地理环境。坚固者：不违背其主要材料之合理的结构原则，在寻常环境之下，含有相当永久性的。美观者：具有合理的权衡（不是上重下轻巍然欲倾，上大下小势不能支；或孤耸高峙或细长突出等等违背自然律的状态），要呈现稳重、舒适、自然的外表，更要诚实地呈露全部及部分的功用，不事掩饰，不矫揉造作，勉强堆砌。美观，也可以说，即是综合实用、坚稳两点之自然结果。

一、中国建筑，不容疑义的，曾经包含过以上三种要素。所谓曾经者，是因为在实用和坚固方面，因时代之变迁已有疑问。近代中国与欧西文化接触日深，生活习惯已完全与旧时不同，旧有建筑当然有许多跟着不适用了。在坚稳方面，因科学发达结果，关于非永久的木料，已有更满意的代替，对于构造亦有更经济精审的方法。已往建筑因人类生活状态时刻推移，致实用方面发生问题以后，仍然保留着它的纯粹美术的价值，是个不可否认的事实。

和埃及的金字塔、希腊的巴瑟农庙（Parthenon，帕特农神庙）一样，北京的坛、庙、宫、殿，是会永远继续着享受荣誉的，虽然它们本来实际的功用已经完全失掉。纯粹美术价值，虽然可以脱离实用方面而存在，它却绝对不能脱离坚稳合理的结构原则而独立。因为美的权衡比例，美观上的多少特征，全是人的理智技巧，在物理的限制之下，合理地解决了结构上所发生的种种问题的自然结果。

二、人工创造和天然趋势调和至某程度，便是美术的基本，设施雕饰于必需的结构部分，是锦上添花；勉强结构纯为装饰部分，是画蛇添足，足为美术之玷。

中国建筑的美观方面，现时可以说，已被一般人无条件地承认了。但是这建筑的优点，绝不是在那浅现的色彩和雕饰，或特殊之式样上面，却是深藏在那基本的，产生这美观的结构原则里，及中国人的绝对了解控制雕饰的原理上。我们如果要赞扬我们本国光荣的建筑艺术，则应该就它的结构原则和基本技艺设施方面稍事探讨；不宜只是一味的，不负责任，用极抽象或肤浅的诗意美谀，披挂在任何外表形式上，学那英国绅士骆斯肯（Ruskin，罗斯金）对高矗式（Gothic，哥特式）建筑，起劲的唱些高调。

建筑艺术是个在极酷刻的物理限制之下，老实的创作。人类由使两根直柱架一根横楣，而能稳立在地平上起，至建成重楼层塔一类作品，其间辛苦艰难的展进，一部分是工程科学的进境，一部分是美术思想的活动和增富。这两方面是在建筑进步的一个总题之下，同行并进的。虽然美术思想这边，常常背叛它们的共同目标——创造好建筑——脱逾常轨，尽它弄巧的能事，引诱工程方面牺牲结构上的诚实原则，来将就外表取巧的地方。在这种情形之下时，建筑本身常被连累，损伤了真的价值。在中国各代建筑之中，也有许多这样例证，所以在中国一系列建筑之中的精品，也是极罕有难得的。

大凡一派美术都分有创造、试验、成熟、抄袭、繁衍、堕落诸期，建筑也是一样。初期作品创造力特强，含有试验性。至试验成功，成绩满意，达尽善尽美程度，则进到完全成熟期。成熟之后，必有相当时期因承相袭，不敢，也不能，逾越已有的则例；这期间常常是发生订定则例章程的时候。再来便是在琐节上增繁加富，以避免单调，冀求变换，这便是美术活动越出目标时。这时期始而繁衍，继则堕落，失掉原始骨干精神，变成无意义的形式。堕落之后，继起的新样便是第二潮流的革命元勋。第二潮流有鉴于已往作品的优劣，再研究探讨第一代的精华所在，便是考据学问之所以产生。

中国建筑的经过，用我们现有的、极有限的材料作参考，已经可以略略看出各时期的起落兴衰。我们现在也已走到应作考察研究的时代了。在这有限的各朝代建筑遗物里，很可以观察，探讨其结构和式样的特征，来标证那时代建筑的精神和技艺，是兴废还是优劣。但此节非等将中国建筑基本原则分析以后，是不能有所讨论的。

鱼的艺术

沈从文

中国海岸线长，江河湖泊多，鱼类品种格外丰富。因此，人民采用鱼形作艺术装饰图案，历史也相当悠久。近年中国科学院考古所，在陕西西安半坡村，约公元前四五十世纪的村落遗址中，就发现一个陶盆，黑彩绘活泼生动鱼形。

河南安阳，公元前13世纪的商代墓葬中出土青铜盘形器物，也常用鱼形图案作主要装饰。这个时期和稍后的西周墓葬中，还大量发现过二三寸长薄片小玉鱼，雕刻得简要而生动，尾部锋利如刀，当时或作割切工具使用，佩带在贵族衣带间。公元前9世纪的春秋时代，流行编成组列的佩玉，还有一部分雕成鱼形，部分发展而成为弯曲龙形。照理说，鱼龙变化传说也应当产生于这个时期。

公元前2世纪，秦汉之际青铜镜子，镜背中心部分，常有十余字铭文，作吉祥幸福话语，末后必有两个小鱼并列，因为鱼余同音，象征"富贵有余"的幸福愿望。公元前2世纪的汉代，这种风俗更加普遍，人们使用的青铜面盆，多铸造于西南朱提堂狼郡，内部主要装饰，就多作两只美丽活泼的大鱼。此外，女子缝纫用的青铜熨斗，照明的灯台，喝酒用的椭圆形羽觞，上面也常使用这种图案。

当时陕西河南一带贵族墓葬，正流行使用一种长约一米的大型空心砖堆砌墓室，砖上有种种花纹，双鱼纹也常发现。丝绸上起始用鱼形图案。私人用小印章也有作小鱼形的。可见美术上的应用，已日益普遍。主题象征意义是"有余"。中国是个广大农业地区的国家，希望生产有余正是人之常情。战国时哲学家庄周，曾写过一篇抒情小品文，赞美过鱼在水中的快乐。公元二三世纪间，又有一首南方民歌，更细致素朴描写到水池中荷花下的鱼的游戏：

江南可采莲，莲叶何田田，鱼戏莲叶东，鱼戏莲叶西，鱼戏莲叶南，鱼戏莲叶北。

从此以后，"如鱼得水"转成了夫妇爱情和好的形容。但普遍反映于一般造型艺术上，却晚到10世纪左右才出现。

公元7世纪后的唐代，鱼形的应用，转到两个方面，十分特殊。一个是当时镀金铜锁钥，必雕铸成鱼形，叫作"鱼钥"。是当时一种普遍制度，大至王宫城门，小及首饰箱箧，无不使用。用意是鱼目日夜不闭，可以防止盗窃。其次是政府和地方官吏之间，常用一种三寸长铜质鱼形物，作为彼此联系凭证，上铸文字分成两半，一存政府，一由官吏本人收藏，调动人事时就合符为证。官吏出入宫廷门证，也作鱼形，通称"鱼符"。中等以上官吏，多腰佩"鱼袋"，这种鱼袋向例由政府赏赐，得到的算是一种荣宠，通称"紫金鱼袋"，真正东西我们还少见到。宋代尚保存这个制度。可是从宋画宋俑服饰上，还少发现使用鱼袋形象。

又唐代已盛行国家考试制度，有一定文学水平的平民可望通过考试转成政府官吏。汉代以来风俗相传，黄河中部有大悬瀑，名叫"龙门"，鱼类能跳跃上去的，就可变龙。所以当时人能见得名流李膺的，以为是登龙门。唐代考试多由达官贵族操纵，人民获中机会并不多，因此，人民也借用它来作比喻，考试及格的和鱼上升龙门一样。"鲤鱼跳龙门"于是成为一般幸运象征，和追求幸运的形容。因此成为一般艺术主题，民间刺绣也起始用它做主题。公元 10 世纪的宋代，考试制度有进一步发展，图案应用因此更加广泛。

这个时期，在中国浙江龙泉烧造的世界著名的翠绿色瓷器，小件盘碟类，还多沿袭汉代习惯，中心加二小鱼作装饰。江西景德镇的影青瓷，和北方的定州白瓷，和一般民间瓷，鱼的图案应用更加多了些，意义因此也略有不同。在盘碗中的，多当成纯艺术表现。若用到瓷枕上，或上面加些莲荷，实沿袭"采莲辞"本意，喻夫妇枕上爱情"如鱼得水"。

又有在青铜镜子上浮雕双鱼腾跃的，用意相同。现实主义的绘画，正扩大题材范围，还出了几个画鱼名家，如刘寀等，作品表现鱼在水中悠游自得的乐趣，千年来还活泼如生，丰富了中国绘画的内容。后来八大、恽南田，直到近代白石老人，还一脉相承，以此名家。在高级丝织物部门，纺织工人又创造了鱼形图案的"鱼藻锦"，金代还作为官诰包首。宋代重视元宵灯节，过年灯节时，全国儿童照风俗都玩龙灯和彩色鱼形灯。文献中也有了人工培养观赏红鱼的记载。杭州已因养金鱼而著名。

元代有部《饮膳正要》书籍，部分记载各种可吃的鱼，还有很好的插图，没有提到金鱼，可知当时统治者虽好吃，而且有许多怪吃法，但是还不到吃金鱼程度。

公元 15 世纪的明代，绸缎中的鱼锦图案有了发展。国家织造局专织一种飞鱼形衣料，作不成形龙样，有一定品级才许穿，名"飞鱼服"。到十六七世纪的明代晚期，杭州玉泉观鱼，已成"西湖十景"之一。北京金鱼池则已成宫廷养金鱼处，江西景德镇烧瓷工人，嘉靖万历时发明的五彩瓷，起始用红鱼做主题图案。当时宫廷需要大件瓷器中，大鱼缸种类增多，因此，政府在江西特设"龙缸窑"，专烧龙纹大鱼缸。反映宫廷培养金鱼已成习惯，鱼的品种也日益增多。但是这时期的鱼缸留下虽多，造型艺术中，十分奇特美观的金鱼形象留下的可并不多。北京郊区发掘出的几具绘有五彩红鱼大罐，鱼的样子还和朱鲤差不多。

论戏曲

陈独秀

列位呀！有一件事，世界上人没有一个不喜欢，无论男男女女老老少少，个个都诚心悦意受他的教训，他可算得是世界上第一大教育家。却是说出来，列位有些不相信，你道是一件什么事呢？就是唱戏的事啊。列位看俗话报的，各人自己想想看，有一个不喜欢看戏的吗？我看列位到戏园里去看戏，比到学堂里去读书心里喜欢多了，脚下也走的快多了，所以没有一个人看戏不大大的被戏感动的。

譬如看了《长坂坡》《恶虎村》，便生些英雄气概；看了《烧骨计》《红梅阁》，便要动哀怨的心肠；看了《文昭关》《武十回》，便起了报仇的念头；看了《卖胭脂》《荡湖船》，还要动那淫欲的邪念。此外像那神仙鬼怪富贵荣华，我们中国人这些下贱性质，哪一样不是受了戏曲的教训，深信不疑呢！依我说起来，戏馆子是众人的大学堂，戏子是众人的大教师，世上人都是他们教训出来的，列位看我这话说得错不错呢？

但是有一班书呆子们说道，世界上要紧的事业多得很，有用的学问也不少，怎么你都不提起，何必单单说这俚俗淫靡游荡无益的戏曲，果真就这样要紧吗？况且娼优吏卒四项人，朝廷的功令，还不许他过考为官，就是寻常人家，忘八戏子吹鼓手，那个看得起他们。你今把戏子自身分说得这样高法，未免有些荒唐罢。哈哈！列位呀！我看书呆子此言差矣！世上人的贵贱，应当在品行善恶上分别，原不在执业高低，况且只有我中国，把唱戏当作贱业，不许和他人平等。西洋各国，是把戏子和文人学士，一样看待。因为唱戏一事，与一国的风俗教化，大有关系，万不能不当一件正经事做，那好把戏子看贱了呢。就是考起中国戏曲的来由，也不是贱业。

古代圣贤，都是亲自学习音律，像那《云门》《咸池》《韶护》《大武》各种的乐，上自郊庙，下至里巷，都是看得很重的。到了周朝就变为《雅》《颂》（就是我们念的《诗经》），汉朝以后变为乐府，唐、宋变为填词，元朝变为昆曲，近两百年，才变为戏曲，可见当今的戏曲，原和古乐是一脉相传的。按戏曲分梆子、二黄、西皮三种曲调，南北通行，已非一日，若是声色俱佳，极其容易感人。孔子常道："移风易俗，莫善乎乐。"孟子也说过："今之乐犹古之乐也。"戏曲也算是今乐，若一定要说戏曲不好，一味尊重古乐，恐怕也合叫现在人用的字，都要写篆体一般。

原来这音乐一事，也要随时代改变，今古不同。现在的人，漫说听了古代《云门》《咸池》古乐不懂，就是懂得昆曲的人，也不甚多了。所以古时有个魏文侯，听了古乐便要睡觉。楚庄王见了优孟（和现在的戏子差不多）方才动心。你道是什么缘故呢？原来古乐的风俗言语，都和当时不同，那听不懂的怎样不要生厌呢？譬如我们忽然奏起中国古乐来，言语曲调，列位都不懂得，列位也要生厌哩。所以现在的西皮二黄，通用当时的官话，人人能懂，便容易感人。你要说他俚俗，正因他俚俗人家才能够懂哩。你要说他是游荡无益的事，倒也不见得，那唱得好的戏，无非是演古劝今，怎算是无益呢。

况且还有三件事，我们平日看不着的，戏上才看得见。你道是哪三件呢？一是先王的衣冠，一是绿林豪客（像《花蝴蝶》《一枝桃》《闹嘉兴》等类），一是儿女英雄（像穆桂英、樊梨花、韩夫人等类）。列位要懂得这三件事的好歹，便知道书呆子的话是未免有些迂腐了。

但是唱戏虽不是歹事，现在所唱的戏，却也是有些不好的地方，以致授人口实，难怪有些人说唱戏不是正经事。我也不能全然袒护戏子，说他尽善尽美。但是要说戏曲有些不好的地方，应当改良，我是大以为然。若是说唱戏全然不是正经事，正经人断不可看，实在是迂腐的话，我断断不敢承认。戏曲究竟是不是正经事，以前已经说过，至于各种戏曲有好的，有不好的，有应当改良的地方，待我一一讲来。各位唱戏的弟兄姊妹们听着。

一要多多的新排有益风化的戏。把我们中国古时荆轲、聂政、张良、南霁云、岳飞、文天祥、陆秀夫、方孝孺、王阳明、史可法、袁崇焕、黄道周、李定国、瞿式耜等，这班大英雄的事迹，排出新戏，要做得忠孝义烈，唱得激昂慷慨，真是于世道人心，大有益处。就是旧有的戏，像那《吃人肉》《长坂坡》《九更天》《换子》《替死》《刺梁》《鱼藏剑》，这些戏看起来也可以发生人忠义的心哩。

一可采用西法。戏中夹些演说，大可长人识见，或是试演那光学电学各种戏法，看戏的还可以练习格致的学问。

一不唱神仙鬼怪的戏。鬼神本是个渺茫的东西，煽惑愚民，为害不浅。你看庚子年的义和拳，不都是想学戏上的天兵天将吗？像那《泗州城》《五雷阵》《南天门》这一路的戏，已经是荒唐可笑得很。尤其可恶的，是《武松杀嫂》，本是报仇主义的一出好戏，却要弄鬼来。武松武艺过人，本没有不能敌挡西门庆的事理，何必要鬼来帮助，才免于败，便将武二的神威，做得一文不值，这样出鬼出怪，大大的不合情理，真要改良才好哩。

一不可唱淫戏。像《月华缘》《荡湖船》《小上坟》《双摇会》《海潮珠》《打樱桃》《下情书》《送银灯》《翠屏山》《乌龙院》《缝搭膊》《庙会》《拾玉镯》《珍珠衫》这等的戏，实在是伤风败俗。有班人说唱戏不是正经事，把戏子当作贱业，都因为有这等淫戏的缘故。看戏的年青妇女多得很，遇了男戏子做这些淫戏，也就难看了。何况还有班女戏子，他也居然现身说法，做出那些丑态，丝毫不知道羞耻，妇女们看了，实在是不成话说，这等戏是定要禁止的呀！

一除去富贵功名的俗套。我们中国人，从出娘胎一直到进棺材，只知道混自己的功名富贵，至于国家的治乱，有用的学问，一概不管，这便是人才缺少、国家衰弱的原因。戏中若改去这等荣华富贵的思想，像那《封龙图》《回龙阁》《红鸾禧》《天开榜》《双官诰》等戏，一概不唱，到也很于风俗有益哩。

我们中国的戏曲，要能照以上所说的五样改变过来，还能说唱戏是游荡无益的事吗？现在国势危急，内地风气还是不开。各处维新的志士设出多少开通风气的法子，像那开办学堂虽好，可惜教人甚少，见效太缓。做小说、开报馆，容易开人智慧，但是认不得字的人，还是得不着益处。我看惟有戏曲改良，多唱些暗对时事开通风气的新戏，无论高下三等人，看看都可以感动，便是聋子也看得见，瞎子也听得见，这不是开通风气第一方便的法门吗？

听说现在上海丹桂、春仙两个戏园，都排了些时事新戏，春仙茶园里有个出名戏子，名叫汪笑侬的，新排的《桃花扇》和《瓜种兰因》两本戏曲，看戏的人被他感动的不少。我很盼望内地各处的戏馆，也排些开通民智的新戏唱起来，看戏的人都受他的感化，变成了有血性、有知识的好人，方不愧为我所说的世界上第一大教育家哩！

文艺的大众化

鲁　迅

文艺本应该并非只有少数的优秀者才能够鉴赏,而是只有少数的先天的低能者所不能鉴赏的东西。

倘若说,作品愈高,知音愈少。那么,推论起来,谁也不懂的东西,就是世界上的绝作了。

但读者也应该有相当的程度。首先是识字,其次是有普通的大体的知识,而思想和情感,也须大抵达到相当的水平线。否则,和文艺即不能发生关系。若文艺设法俯就,就很容易流为迎合大众,媚悦大众。迎合和媚悦,是不会于大众有益的。——什么谓之"有益",非在本问题范围之内,这里且不论。

所以在现下的教育不平等的社会里,仍当有种种难易不同的文艺,以应各种程度的读者之需。不过应该多有为大众设想的作家,竭力来作浅显易解的作品,使大家能懂,爱看,以挤掉一些陈腐的劳什子。但那文字的程度,恐怕也只能到唱本那样。

因为现在是使大众能鉴赏文艺的时代的准备,所以我想,只能如此。

倘若此刻就要全部大众化，只是空谈。大多数人不识字；目下通行的白话文，也非大家能懂的文章；言语又不统一，若用方言，许多字是写不出的，即使用别字代出，也只为一处地方人所懂，阅读的范围反而收小了。

总之，多作或一程度的大众化的文艺，也固然是现今的急务。若是大规模的设施，就必须政治之力的帮助，一条腿是走不成路的，许多动听的话，不过文人的聊以自慰罢了。

音乐的势力

萧友梅

谁都知道音乐是声音的美术或时间的美术,但不是随便一阵叮叮当当或大擂大打乱杂无章的声音,都可以叫作音乐,必定要有一定的节奏(Rhythm),有相当的和音(Harmony,今译和声)衬托着,配成一种抑扬得宜的曲调(Melody),用适当的章法(即形式),加上各种表情(Expression)表现出来,才算是真正的乐曲,才算是音乐。

那么看来音乐不外由"节奏""和声""曲调"三种原素组成,但是音乐的种类实际上不止三种。第一因为三种原素的配合法甚多,第二因为表情法各曲不同,在合奏的乐曲还有各种乐器的配合法不同,因而作出种种音色出来;尤其是近五百年的西方音乐,不独理论方面愈研究愈精,就是乐曲作法和演奏技术,也变化无穷,登峰造极。近代音乐的种类因此千变万化,无所不有,断非我们中国一千年来没有进步的音乐可以比得上的。

音乐的种类既然很多,并且每种有特殊的性质,有特殊的效用。譬如:

一、温柔恬静的音乐，可以安慰人的脑筋，教人听见容易安眠，《摇篮曲》就是属于这类；

二、快活的音乐，教人听见精神爽快，小孩听见常常活活泼泼地跳舞起来，这类乐曲西方更多，不能逐一列举；

三、雄壮的音乐，可以鼓起人的勇气，振起人的精神，像军队进行曲就是属于这类；

四、悲哀的音乐，教人听见发生悲感，甚至令人流泪，哀悼进行曲和 Elegie（悲歌）属于这类；

五、忧郁的音乐，听见教人沉闷；

六、喜悦的音乐，听见教人欢喜；

七、优美庄严的音乐，可以洗净人的杂思，提高思想的目标，可以使人的举动变成庄重的态度；

八、怨慕的音乐，可以表现人类怨慕的情绪；

九、音乐又可以治病或减轻病人的痛苦，欧战时各国伤兵医院，多备有特殊的音乐，教伤兵听见，减少他们的痛苦，在割症时亦有奏着音乐的；

十、近年欧洲法院亦有用音乐改造罪犯心理的试验，就是每天清早于一定的时间演奏一种特别音乐，教犯罪者静听，经过若干时间之后，自己忏悔，立意改过，期满出狱，改邪归正的人很不少。还有用音乐来辅助审判的：某处地方有一件谋杀案，犯人被捕之后，屡次审讯，不肯供认。判官因为找不得证据，又不能立刻判决，于是用音乐助审。把凶手关在一个光线阴暗的房间，半夜从隔壁放一种悲惨的音乐，并且带有一种悲惨的哭声，等这个犯人听过几天之后，再提出审讯，果然被音乐感动，良心发现，逐一供认。可见音乐的力量了。

还有一件最明显的，就是音乐的节奏可以指挥最大群众，可以统一整个民族的举动。

在西方于举行大会之前后常唱几首"会歌"，这种"会歌"的节奏都很鲜明，歌词亦十分得体，唱过之后增加许多合作的精神。群众受了这种歌曲的影响，好像物体被地球引力吸着，不知不觉要向同一个方向去。军队依着一定的节奏长期步行不觉疲倦，过千过万人唱着军歌一齐冲锋，不觉痛苦，就是这类的实例。

以上所讲的效力有明显的，有潜伏的，有立刻发生效力的，有慢慢才见功效的。笼统可以叫它作"音乐的势力"。

欧美各国对于音乐的势力早已晓得，所以政府、社会、学校、家庭各方面，到处都利用音乐来辅助他们的工作。他们对于音乐教育都很注意，除掉政府办的音乐院之外，私人捐出大笔款项设立音乐学校的也很多；对于有音乐天才的青年或有创作力的人们，也用尽各种方法来鼓励，或用国奖、罗马奖、头奖、二奖及各种学位等等名誉奖励，或用金钱奖励。法国、比国的教育部叫"科学美术部"，就是表示美术与科学并重的意思。俄国政府近年并且设立"乐部"，德国政府亦设立"全国音乐局"，专管音乐教育和关于音乐的工作，可见他们的如何努力了。

我们中国从前并不是不知道音乐势力的伟大，古书所谓"移风易俗，莫善于乐"，就是这个意思。周朝、唐朝都看得音乐很重，那两朝在我们历史上不是最强盛的时代吗？这就是最显明的证据，谁也不能否认的。到后来逐渐不注意音乐，或简直不把音乐当作一回事，听它自生自灭，所以坏的音乐一天一天的加多，而好的音乐就逐渐减少。好像有一块田地，本来是种稻的，现在地主不注意种稻，听它随便生草，野草一天比一天长得多，就把稻米的地位占满，叫它没有立足之地。这就是一个顶好的例子。现在还不赶紧把坏的音乐——淫词淫曲——去掉，把好的音乐介绍进来替代它，将来全国人的精神就很难有改造的希望。

因为音乐的势力很大，不独好的音乐有伟大的势力，坏的音乐也有很大的势力：听惯悲曲的人们很少有快乐的精神的，听惯慢板音乐的人们很少有活泼的精神的，听惯颓废音乐的人们很难有振作精神的，听惯淫邪音乐的人们不会有高尚思想和光明磊落态度的，听惯节奏不鲜明和散板音乐的人们不会有合作精神的。这样看来，音乐的恶势力，可怕得很！我们中国全国现在到处都有这种恶势力盘踞着。我们政府如果不马上设法把它们消灭，不马上整顿音乐教育，国民精神断难有振作的希望，全国人断难有合作的可能。

所以，第一我希望政府赶快派音乐专家去检查全国流行的音乐，认为有伤风化和有颓废性或消极性的音乐，马上禁止演奏和印行，一方面改良学校的音乐功课，一方面检定音乐师资，鼓励创作发扬蹈厉的新歌新曲，注意音乐专门教育。

第二我希望社会上有财力而对于音乐有兴趣的人们，最好尽力捐款出来提倡音乐教育或奖励音乐学生，以补助政府的不足；各无线电播音台顶好请音乐专家替你们选购一批好的唱片，以备随时播音，逐渐把听众的精神改变过来；做父母的假如发现你们的小孩有音乐天才时，就要趁早请人教他学音乐，或把他送到音乐学堂去，因为近代音乐技术一天比进步一天，有许多乐曲的技术很难，非从小学起很难学得成功的。欧洲许多音乐大家都是从小就学起。假如我们希望中国将来产生一批大音乐家，可不能不请求你们帮忙了。

自然·艺术·人格

徐朗西

人若登高山之顶，一望天空苍青之色，则此印象，虽经若干年月，亦不易消灭。即在喧骚之都会，或个人幽居斗室之中，常能回忆此清新之感，减少苦闷，纯化自己之心身。这便是自然之慰安。

登山涉水，沐日光浴海水，以谋肉体之健康者极众。但若经数日间之劳苦，即足以使此健康消失。至于不规则或放纵之生活，则更使肉体易于消灭。故但求肉体之健康，是很危险的。唯有仰望天空，远眺天际，在此一刹那间，忘我忘人，精神大畅。所谓"浩然之气"，即是此时之心地。故唯能面接自然者，始感得天地之大，觉得胸怀之宽阔。

其次是接近伟大的艺术，或足堪尊敬的人格，亦能使人之见解广大，生命丰富。若始终未能接触伟大的艺术和人格，真是不幸之人，而自己之人生，亦绝无自觉之日。

自然、艺术、人格，是都有普遍的感化力。此三者是从一个大根源发射的三种光景。而三者之中，尤以自然为最普遍。谁不住在空之下,谁不住在地之上,空气之流通,光线之射照,真把人浸沉于自然之中。

唯有足以敬爱之人格,才能体现广大无边之自然,作成伟大的艺术。人之最难得见者,是人格的艺术。最易接近者,是普遍的自然。困难得见,故觉宝贵。因易接近,反感寻常。此我所以不得不大声呼唱"回归自然"。

现代社会之实际生活,每足使人类之眼界昏瞶,心境麻痹。所谓趣味的改造社会,就是希望人以自觉来抵抗此常习。不然永为常习所囚,日营盲动的生活。

脱却常习而面接自然,始能吸收自然之力,以充实人生命之力。征服无限之空间,造成人之领土。于是才得送我们之超然生涯。

自然、艺术、人格,真是人适从之大道。

文艺鉴赏的程度

夏丏尊

一部名著，可有种种等级的读者。又因了前节所说，一读者对于一部名著，也因了自己成长的程度，异其了解的深浅。文艺鉴赏上的有程度的等差，是很明显的事了。在程度低下的读者之前，无论如何的高级文艺也显不出伟大来。

最幼稚的读者大概着眼于作品中所包含的事件，只对于事件有兴趣，其他一切不问。村叟在夏夜讲《三国》，讲《聊斋》，讲《水浒》，周围围了一大群的人，谈的娓娓而谈，听的倾耳而听，是这类。都会中人的欢喜看济公活佛、《诸葛亮招亲》，赞叹真刀真枪，真马上台，是这类。十余岁的孩子们欢喜看侦探小说，是这类。世间所流行的什么"黑幕""现形记""奇闻""奇案"等类的下劣作品，完全是投合这类人的嗜好的。

这类人大概不能了解诗，只能了解小说戏剧，因为小说戏剧有事件，而诗则除了叙事诗以外，差不多没有事件。其实，小说之中没有事件可说的尽多。近代自然主义的小说，其事件往往尽属日常琐屑，毫无怪异可言，即就戏剧而论，也有以心理气氛为主，不重事件的。在这种艺术作品的前面，这类人就无法染指了。

不消说，作品的梗概原是读者第一步所当注意的。但如果只以事件为兴味的中心，结果将无法问津于高级文艺。而高级文艺在他们眼中，也只成了一本排列事件的账簿而已。

其次，同情于作品中的人物，以作品中的人物自居者，也属于这一类。读了《西厢记》，男的便自以为是张君瑞，读了《红楼梦》，女的便自以为是林黛玉。看戏时因为同情于主人公的结果，对于戏中的恶汉感到愤怒，或者甚而至于切齿痛骂。诸如此类，都由于执着事件，以事件为趣味中心的缘故。

较进步的鉴赏法，是耽玩作品的文字，或注意于其音调，或玩味其结构，或赞赏其表出法。这类的读者，大概是文人。一个普通读者，对于一作品，亦往往有因了读的次数，由事件兴趣进而达到文字趣味的。《红楼梦》中有不少的好文字，例如第三回叙林黛玉初进贾府与宝玉相见的一段：

……宝玉看罢，笑道："这个妹妹，我曾见过的。"贾母笑道："可又是胡说，你何曾见过他。"宝玉笑道："虽然未曾见过他，然看着面善，心里倒像是旧相识，恍若远别重逢一般。"

在过去有青梗峰那样的长历史，将来有不少纠纷的男女二主人公初会时，男主人公所可说的言语之中，要算这样说法为最适切的了。这几句真不失为好文字。但除了在文字上有慧眼的文人以外，普通的读者要在第一次读《红楼梦》时就体会到这几句的好处，恐是很难得的事。

文字的鉴赏，原不失为文艺鉴赏的主要部分，至少比事件趣味要胜过一筹。但如果仅只执着于文字，结果也会陷入错误。例如诗是以音调为主要成分的，从来尽有读了琅琅适口而内容全然无聊的诗。不，大部分的诗与词，完全没有什么真正内容的价值，只是把平庸的思想辞类，装填在一定文字的形式中的东西。换言之，就是靠了音调格律存在的。我们如果执着于音调格律，就会上他们的当。

小说不重音律，原不会像诗词那样地容易上当，但好的小说不一定是文字好的。托斯道夫斯基（今译陀思妥耶夫斯基）的小说，其文字的拙笨，凡是读他的小说的人都感到的，可是他在文字背后有着一种伟大吸引力，能使读者忍了文字上的不愉快，不中辍地读下去。左拉的小说也是在文字上以冗拙著名的，却是也总有人喜读他。

一味以文字为趣味中心，仅注重乎文艺的外形，结果不是上当，就容易把好的文艺作品交臂失之，这是不可不戒的。中国人素重形式，在文艺上动辄容易发生这样的毛病，举一例说，但看坊间的《归方评点史记合笔》等类的书，就可知道了。《史记》，论其本身的性质是历史，应作历史去读，而到了归方（即归有光、方苞）手里，就只成了讲起承转合的文章，并非阐明前后因果的史书了。从来批评家的评诗、评文、评小说，也都有重文字形式的倾向。

对于文艺作品，只着眼于事件与文字，都不是充分的好的鉴赏法，那么，我们应该取什么方法来鉴赏文艺呢？

让我在回答这问题以前，先把前节的话来重复一下。文艺是作家的自己表观，在作品背后潜藏着作家的。所谓读某作家的书，其实就是在读某作家。好的文艺作品，就是作家高雅的情热、慧敏的美感、真挚的态度等的表现，我们应以作品为媒介，逆溯上去，触着那根本的作家。托尔斯泰在其《艺术论》里把艺术定义了说：

> 一个人先在他自身里唤起曾经经验过的感情来，在他自身里既经唤起，便用诸动作、诸线、诸色、诸声音，或诸以言语表出的形象来传这感情，使别人可以经验同一的感情——这是艺术的活动。

> 艺术是人类活动，其中所包括的是一个人用了某一种外的记号，将他曾经体验过的种种感情，意识地传给别人，而且别人被这些感情所动，也来经验它们。

感情的传染，是一切艺术鉴赏的条件，不但文艺如此。大作家在其作品中绞了精髓，提供着勇气、信仰、美、爱、情热、憧憬等一切高贵的东西，我们受了这刺激，可以把昏暗的心眼觉醒，滞钝的感觉加敏，结果因了了解作家的心境，能立在和作家相近的程度上，去观察自然人生。在日常生活中，能用了曾在作品中经历过的感情与想念，来解释或享乐。因了耽读文艺作品，明识了世相，知道平日自认为自己特有的短处与长处，方是人生共通的东西，悲观因以缓和，傲慢亦因以减除。

好的文艺作品，真是读者的生命的轮转机，文艺作品的鉴赏也要到此境地，才是理想。对于作品，仅以事件趣味或文字趣味为中心，实不免贻"买椟还珠"之诮，是对不起文艺作品的。

小子何莫学夫《诗》？《诗》，可以兴，可以观，可以群，可以怨。迩之事父，远之事君；多识于鸟兽草木之名。（《论语·阳货篇》）

试看孔子对于《诗》的鉴赏理想如此！我们对于文艺，应把鉴赏的理想，提高了放在这标准上。如果不能到这标准的时候，换言之，就是不能从文艺上得着这样的大恩惠的时候，将怎样呢？

我们不能就说所读的作品无价值。依上所说，我们所读的都是高级文艺，是经过时代的筛子与先辈的鉴别的东西，绝不会无价值的。这责任大概不在作品本身，实在我们自己，我们应当复读冥思。第一要紧的，还是从种种方面修养自己，从常识上加以努力。举一例说，哲学的常识是与文艺很有关联的，要想共鸣于李白，多少须知道些道家思想，要想共鸣于王维，多少须有些佛学趣味。毫不知道西洋中世纪的思想的，当然不能真了解但丁的《神曲》，毫不知道近代世纪末的怀疑思想的，当然不能真了解莎士比亚的《哈姆雷特》。

中国画的文人画

傅抱石

中国的艺术思想，还是受着几千年前的儒家、道家思想的支配，直至今日或亦不能说有了多大的变化。虽然洋风已吹了若干年，但大多数还只是表面，只是某种极小限度的表面，对于传统的一切，可谓依然故我，维护得相当周密的。所以中国画的历史，只有技法上的歧异表现的最明显，因此就把所以歧异的内在原因遮没了。此外只是些画人的传记和画坛的故事，此外便没有什么。这种情形，在民国二十六年六月以前，绝无例外。

中国画在两条不同的道路，南宗北宗，作家画文人画——做不得已的进展。因为如此，到了南宗的时候，便大家都感着疲倦、乏味、牵强……而同时又想不出超越死范围的办法。于是南宗也好，北宗也好，自然地形成了一种"流派"而流派化。自元代以后，固然稍稍换了换面目，但不过是文人画——假定南宗——更合乎传统的思想，把院体——假定北宗——打倒了而已。明代的"文沈唐仇"，清代的"四王吴恽"，谁又不是文人画流派化后的小流派化？

缩短一点说，二百年来的中国画，都被流派化的文人画所支配。这种势力，说起来怪可怕，日本足利时代起，也被它征服得厉害，虽然日本人善变，然我们不能说不是13世纪日本刊刻《论语》等经书的原因吧？

客观地看看，文人画的确是代表中国的绘画。它的源远流长，简直非后起的欧洲绘画可比！因为它抓住了中国人的心，任何反动的势力都不能有所动摇，有所改变。它具备某种程度的固定样式，只要你见着它，便会起一种"神游于古画"的共鸣。大多数画人，无非是这些"样式"的复制。再严格地说，自南宗以来，文人画家只有技巧的熟与不熟的问题，没有新样式的创造。只有"公式"的练习，没有自我的抒写。一部分人虽提"笔墨""性灵"等口号，试问躲在斗室之中，下笔即为古人所囿，有什么"笔墨""性灵"呢？

基于上面的论述，中国画是"求心状"的，从外向内面钻。钻得太久，自然会头碰头。所以中国画人的相对，唯有来一个会心的微笑，彼此心照不宣。

中国画便在这种状态中，反复地咀嚼古代的残余。

作文人画，要有必需的几个条件。清代的画论，讨论这条件的很多。陈师曾作《文人画之价值》（见《中国文人画之研究》）一文说文人画家，第一是要有"人品"，第二是要有"天才"，第三是要有"学问"。再看扬子云说的"画，心画也"，和邓椿说的"其为人也无文，虽有晓画者寡矣"的话，可见陈师曾的画法，并不是没有理由和根据。因为中国自元以后，已把绘画看作画家一切的寄托，是画家人格思想的再现，是纯粹的艺术。所以绘画的价值，是至高无上的。

现在的一切，只要将五十年前的一切来比较，任何部门，都起了急剧的变动。处在今日，耳目所接，当非从前那种形相，甚至因了生活方式的转易，每个人的感受，也自不同。根据文化的历史，中国在这时候，需要一种适合现实的新艺术，自无问题。然而我们放眼看看，现在的中国绘画和"现代性"有关系吗？许多批评中国画不合现实的理论，姑不管它。就中国画的本身而论，它的缺陷实在太多……不过这里所谓缺陷，不是好与不好的问题，是说画的本身早已僵化了，布局、运笔、设色等技法的动作，也成了牢不可破的定式。

我们很明了，若是画家的脑子没有死守着传统的方法的话，恐怕谁都有极度的烦闷，谁都有想改革的念头。然而结果似乎太惨，虽千年来的潜势力，还整个笼罩了画家的心，束缚得使你动也不能动。中国画的不进步，说明了又没有多大稀奇。

就取材上说，文人画是"消极"的，"颓废"的，"老"的，"无"的，"隐逸"的，"悲观"的。它是中国士大夫狭义的人生观，譬如在政治上玩得腻了，看看，或者画画——这种东西刺激刺激，博一个风雅的名儿。我们想想，今日的中国，是什么时代？是什么环境？若把艺术从"伦理""道德"上看，这种制作，是否有继续发扬的必要？况且这种大理石似的公式，许多年来没有人打得破，发扬也终究是一句似是而非的空话。

中国绘画，无论如何是有改进的急迫需要。

敦煌边饰初步研究

林徽因

中国佛教初期的艺术是划时代的产品,分了在此以前的,和在此以后的中国艺术作风,它显然是吸收了许多外来的所谓西域的种种艺术上的新鲜因素,却又更显然地是承前启后一脉贯通,表现着中国素来所独有的、出类拔萃的艺术特质。所以研究中国艺术史里一个重要关键就在了解外来的佛教传入后的作品。(中国的无名英雄的匠师们为了这宗教的活动,所努力的各种艺术创造,在题材、技术和风格的几个方面掌握着什么基本的民族的传统;融合了什么样崭新的因素;引起了什么样的变革和发展了什么样艺术程度的新创造?)

佛教是经由西域许多繁杂民族的传播而输入的原发源于印度的宗教思想,它所带来的宗教艺术的题材大部都不是中国原来所曾有的。但是表现这宗教的艺术形式、风格、工具与手法,使在传达内容的任务中可达到激动情感的效果的,在来到中国以后必不可能同在印度或在西域时完全相同。

佛教初入之时中国的佛教信徒在艺术表现上都倚赖什么呢?

是完全靠异国许多不同民族的僧侣艺匠，依了他们的民族生活状况，工具条件和情调所创出的佛教的雕塑、绘画、建筑、文字经典和附属于这一切艺术的装饰图案，输入到中国来替中国人民表现传播宗教热诚和思想吗？一定不是的。那么是由中国人民匠工们接受各种民族传播进来的异国艺术的一切表现和作风，无条件的或盲目呆板的来摹仿吗？还是由教义内容到表现方法，到艺术型类与作风，都是通过了自己民族的情感和理解、物质条件、习惯要求和传统的技术基础来吸收溶化许多种类的外来养料，逐步的创造出自己宗教热诚所要求的艺术呢？这问题的答案便是中国艺术史中重要的一页。

国内在敦煌之外在雕刻方面和在建筑方面，我们已能证实，为了佛教，中国创造出自己的佛教艺术。以雕刻为例，佛教初期的创造，见于各个著名的摩崖石窟和造像上，如云冈、龙门、天龙山、南北响堂山、济南千佛山、神通寺以及许多南北朝造像，都充分证明了，为了佛教热诚，我们在石刻方面的手艺匠工确实都经过最奇刻的考验，通过自己所能掌握的技巧手法和作风来处理各种崭新的宗教题材，而创造出无比可爱、天真、纯朴、洒脱雄劲的摩崖大像、佛龛、窟寺、浮雕，各种大小的造像雕刻和许多杰出的边饰图案，无论是在主体风格、细部花纹、阳刻雕形和阴纹线条方面手法的掌握、变化与创造，都确确实实的保存了在汉石刻上已充分发达的旧有优良传统，配合了佛教题材的新情况，吸收到由西域进来的许多新鲜影响，而丰富了自己。南北朝与隋唐之初的作品每一件都有力地证明我们在适应新的要求和吸取新的养料的过程中最主要的是没有失掉主动立场而能迅速发展起来，且发展得非常璨烂，智慧地运用旧基础，从没有作不加变革的模仿；一方面创造性极强，另一方面丰富而更巩固了中国原有优良的传统。

但在有色彩的绘画艺术方面，一向总为了缺乏实物资料，不能确凿地研讨许多技术上的问题。无论是关于处理写实人物或幻想神像、组织画面、背景或图案花纹，或是着色渲染、钩描轮廓的技术，我们都没有足够研究的资料可以分合较比进行详尽的讨论过。我们知道只有从敦煌丰富的画壁中才能有这条件。它们是那样的丰富，有那样多不同年代的作品，敦煌在地理上又是那样的接近输入佛教的西域，同许多不同民族有过长期密切的交流，所以只有分析理解敦煌画壁的手法作风，在画题、布局、配色和笔触诸方面的表现，观察它们不自觉的和自觉的变化和异同，才真能帮助我们认识中国绘画源流中一个大时代。确实明白当时中国画匠怎样运用民族传统的画像绘色描线等的技术，来处理新输入的佛教母题，尤其重要的是因为佛教艺术为中国艺术老树上所发出的新枝。因为相信宗教可以解救苦难，所以佛教艺术曾是无数被压迫的劳苦人民和辛勤的匠人们所热烈参加的群众活动，因此它曾发展得特别蓬勃而普遍，不是宫廷艺术而是深深在人民中间，逐渐形成一支艺术的主干。了解当它在萌芽时期和发展成长阶段对于今天的我们更是重要知识。

中国画匠怎样融会贯通各种民族杰出的各自不同的题材手法加以种种变革来发展自己，而不是亦步亦趋，一味的模仿或被任何异国情调所兼并吞没，如过去四五十年里中国工艺美术所遭受的破坏与迫害，正是我们今天应该学习而作为我们的借鉴的。

在敦煌这批极丰富且罕贵的艺术资料里，以绘画技术为对象来研究时就牵涉很多方面。首先就有题材的处理、画面的整个布局和每个画面在色彩上的主要格调。其次如关于佛像菩萨和飞仙的体裁服饰及画法作风。再次还有各种画中的景物衬托，如云、山、水、石、树木、花草和各种动物，尤其是人的动作，马的驰骋等表现方法。再次还有画的背景里所附带的建筑、舟车和器物。最后才是围绕着画幅或佛像背光、装饰在人物衣缘或沿着洞窟本身各部分的图案花纹的问题。但这新萌芽的图案花纹和老干的关系，同其他许多问题一样有着重大价值。尤其是这新枝，由南北朝到隋唐，迅速地生长繁殖充满活力而流行全国，丰富了我国千余年来的工艺美术，并且它们还流传到朝鲜、日本、越南，变化发展得非常茂盛，一直影响到欧洲 18 世纪早期和近代的工艺。

现在为了要认识在图案花纹方面本土的传统的根底和新进来的养料如何结合，当时匠师们如何以自己娴熟的、优良的手法来处理新的方面，而又将许多异国的新因素部分的吸收进来，我们就必须先能分别辨认各种单独特征的来龙去脉，发现各种系统与典型规律。有了把握分别辨认，我们才有把握发现各种不同因素综合交流的证例，找出新旧的关系。分别辨认是研究各种民族艺术作风与型式的必要步骤，别的任何架空的理论都不能解决这认识的问题。

因此我们要了解敦煌壁画中的图案花纹，我们除了需要殷、周、战国、秦、汉、三国、两晋一切金石漆陶器物上纹样和在中国其他地区中的南北朝、隋唐遗物来同敦煌的作较比，而同时还必须探讨佛教艺术在印度时本身的特征和构成因素。如最初大月氏种族占领的贵霜（王）朝所兴起的佛教艺术的特点，犍陀罗地方艺术作风中的希腊因素与波斯影响，中印度和南方原有的表现，鞠多王朝全盛的早期和颓废烦琐的后期与末期等。更重要的是佛教传入中国沿途所经过的各地方混居复杂民族的艺术作风以及他们同西方的波斯、远方的希腊、南方的印度和我们之间的种族文化上的关系。

在库车（龟兹）为中心与以哈拉和卓（高昌）吐鲁番为中心的许多洞窟壁画的题材、色彩、手法和情调的根源，和在和阗（田）附近，及尼雅、楼兰等遗址中所发现的古代艺术残迹资料，便都是我们重要的观察对象。先做了一番所谓分别辨认的准备工作，然后观察敦煌资料中最典型的类型，寻出何者为中国原有的生命与性质，何者为西域僧侣、艺匠所输入的波斯、印度、希腊殖民地东罗马，何者又是经过自己匠师将外族输入的因素加以变革来适合自己民族的情调和风格，便比较地有把握了。

在集中讨论图案之前对于敦煌绘画的其他方面，我们可以说最先引人注意的，就是有许多显著地是当时中国民族传统风格很奇异而大胆地同佛教题材结合在一起。如画的布局，北魏洞窟中横幅正类似汉石祠石刻画壁，画的处理亦很接近晋代石棺，还是以二十四孝为题材的那种刻石。盛唐洞壁上净土经变的布局组织都以一座殿堂（所谓宝楼）为主要背景，佛像菩萨则列坐其间或其前，前阶台上和两旁对称的廊庑之间则安置各种舞蹈作乐或听法的菩萨，这种部署还依稀是汉石祠正中主题的布局。印度佛教画如阿姜他洞窟壁画的布局就同以上所举敦煌的两种都不同，佛的坐处如小型建筑物的很多，也有菩萨很大的头肩由云中飘忽出现俯瞰底下尘世王子后妃作乐，所谓王子观舞等场面。

佛经故事在画幅中的组织，敦煌的也同印度西域等不同。库车附近，洞中有一例将画面用不同的两三色，主要青和绿，画成许多棱形叶子，分几个排列，每个叶子中画一故事。敦煌北魏窟中的经变将不同时间的题材组织在一个横幅之中，如《舍身饲虎图》等。唐窟则皆以主要净土经变放在壁面当中，两旁和下段分成若干方格或长方形画框，每框一事一题。四川大足县摩崖石刻布局也是如此。又如在敦煌所画的北魏隋唐飞仙，正同云冈、龙门、天龙山石刻浮雕上所见到的一样，是中国自己独创的民族型式同西域的、印度的或葱岭西边通印度的巴米安（今译巴米扬）谷中的佛龛上波斯、印度、希腊混合型的，都不一样，在气质上尤其不同。

敦煌北魏的佛像、菩萨塑像残毁或重修之后不易见到在他处石刻上所有的流畅俊美的刀刻手法，但在绘画上的局部衣纹都保持有汉晋意味，衣褶裙裾末端或折角处锐利劲瘦的笔法仍是那种洒脱豪放、随笔起落而产生的风格。尤其是飞仙的姿势生动，披肩和飘带迎风飞舞，最能令人见到下笔时腕力和笔触的练达遒劲，真是气韵生动、痛快淋漓，无比可爱、无比可贵的民族作风。

敦煌画壁上许多衬托的景物，如树木云山、马的动作和建筑物的描写也都富于传统精神，或从汉画脱胎而出，或同我们所仅有的一些晋画（包括石棺画石）都极为神似，同时又开了后代铁线细描系统的基本作风。凡以种种显而易见的都只能说是笔者的大略印象，没有专家的分析阐明之前当然不能据此作何结论，这里只是指出敦煌早期的画壁上有一望而见到的民族作风雄厚的根底和在此上面所发展创造出来的佛教画。

但当我们转到洞窟的装饰图案花纹这一方面时，可引起显著的注意的恰恰相反。初见之时只见到新的题材手法来得异常大量，也异常突兀，花纹绘饰的色彩既特殊，手法又混淆变化，简直有点无法理喻它们的源流系统。而同时凡是我们所熟识的认为是周秦汉晋的金石的刻纹，陶漆器物上的彩饰，秦砖汉瓦等的典型图案，在这里至少初步的印象下，都像是突然隐没毫无踪影。主要的如同秦铜器上的饕餮、夔龙、盘蛇走兽、雷纹波纹，战国的铜器上、楚漆上、汉镜上，各种约略如几何形的许多花纹，和兽类人物、云气浪花、斜线如意钩等，或是瓦当上、墓壁上、石阙上所见的四神：青龙、白虎、朱雀、神武等形式，在敦煌都显著地不见了！

一切似乎都不再被采用，竟使我们疑问到这里的图案是否统统为异族所输入的，但当我们再冷静地一看，在绘饰方面除却塑型的莲座外，不但印度的图案没有，希腊波斯系的也不见有多少，所谓西域的如在库车附近许多洞窟画壁所见和它们同样式的也是没有的。那么这许多灿烂动人的图案都从哪里来的呢？它们是怎样产生的呢？

当我们仔细思考一下第一个重要的原因，当然是图案同器物的体型和制造材料及功用是分不开的；第二个原因则是它同所在地方的民族工艺的传统也是分不开的。从立体器物方面讲，敦煌洞窟原是一种建筑物。所以如果我们要了解它的装饰图案，我们必须由了解建筑装饰的立场下手。从这个出发点来检查敦煌图案的系统，我们就会很快发现一条很好的线索指出我们可以理解它们的途径。在地方民族工艺传统方面讲，敦煌是中国的地方，洞窟也部分的是中国木构。大多数的画匠又是汉族的人民。他们有着的是根深蒂固的中国传统，而且是汉全盛时代的工艺方面的培养。

因为敦煌洞窟原是一种建筑物，在传入中国及西域之前这种窟寺在印度是石造的佛教建筑物，所以在建筑结构细部上面的装饰便是以石刻为主的花纹。最早创始于印度佛教艺术的犍陀罗地区的居民中是有过。在公元前，就随亚历山大大帝经由波斯而进入印度的希腊的兵卒和殖民，稍南的西海岸上，则有从小亚细亚等地，在第一世纪以后经波斯湾沿海而来的各种商贾人民，所以艺术中带着很显著的直接或间接希腊的影响，尤其是在人像雕刻和建筑细部图案方面的发展最为显著。

这种印度的佛教的"石窟寺"，在传到敦煌之前先传到塔里木盆地中无数伊兰语系的西域民族的居留地，如天山南麓龟兹、马（焉）耆、吐鲁番一带造窟都极盛行。但它们同敦煌一样，因为石质松软，洞壁不宜于石刻，所以一切装饰都是用彩色绘画的。因此也以彩画代替窟内应有的结构部分和上面的雕刻装饰的。所以西域就有多种彩绘的边饰图案都是模仿建筑物上的藻井柱额石楣、椽头、叠涩等雕刻部分与其上的浮雕花纹。在敦煌这种外来的以彩绘来摹拟建筑雕刻的图案也是很显著的，最典型的就有用"凹凸画法"的椽头、万字纹和以成列的忍冬叶为母题的建筑边饰，用在洞顶下部、墙壁上部的横楣梁额等位置上，龛沿券门上和槛墙上端的横带上。

但是敦煌的石窟寺仍然为中国本土的建筑物,它不可能完全脱离中国建筑的因素。在敦煌边饰中有许多正画在洞顶藻井方格的支条上的,和人字坡下并列的椽子上的,其他许多长条边饰显然不是由于摹拟雕刻的花纹而来,就因为中国建筑是木构的系统,屋顶以下许多构材上面自古就常有藻饰彩画的点缀。

《三辅黄图》述汉未央宫前殿,就提到"华榱璧珰"。《西京杂记》则更清楚地说"椽桷皆绘龙蛇萦绕其间",又说"柱壁皆画云气花蘤(huā),山灵鬼怪"。所以这就使我们必须注意到敦煌边饰的两个方面,一是起源于石造建筑的雕刻部分的外来花纹,主要的如忍冬叶等;一是继续自己木构上彩画的传统,所谓"云气龙蛇萦绕的体系"。我们在山东武氏石祠壁上、祁祢明书像石上、孝堂山石祠壁上、磁县古坟的石门楣上都见到一种变化的云纹,这种云纹也常见于楚漆和汉代陶质加彩的器物上。在汉墓的砖柱上则确有"龙蛇萦绕"的图案。这两种图案在敦煌边饰中虽然少也都可找到原样。如朱雀形类的祥鸟也有一些例子。唐以后的卷草气势极近似云纹,卷草正如云的波动,卷头又留有云状的叶端的极多。和火焰纹混合似火而又似云的也有,都可以从中追寻那发展的来踪去迹。所谓"云气花蘤,山灵鬼怪"的作风则渗入壁画的上部,龛以上或洞顶斜面中,组成壁画的一部。

当雕刻型与彩绘型两种图案体系都是以粉彩颜料绘出成为边饰时,区别当然很少,但有一个本来基本上不同之处经过后来的渗合相混才不显著,我们必须加以注意。就是雕刻型的图案在画法上有模仿凹凸雕刻的倾向,要做成浮雕起伏的效果,组织上多呆板的排列，而绘画型的图案则是以线纹笔意为主的绘画系统。随笔作豪放的自由处置。

我们不知道《建康实录》中所说南朝梁时的一乘寺的寺门上所画"凹凸花称张僧繇手迹者"是什么，但如所说"其花乃天竺遗法，朱及青绿所成，远望眼晕如凹凸，就视即平，世咸异之"，则当时确有这种故意仿浮雕的画法且是由印度传入的。在敦煌边饰中我们所见到的画法在敷色方面确是以青绿及朱的系统所成，主要是分成深浅的处理方法。底色多深赭，花纹色则鲜艳，青、绿、黄、紫都有，每色分两道或三道逐层加深，一边加重白粉几乎成白色，并描一条白粉线，做成花或叶受光一面的效果，另一边则加深颜色再用一道灰色或暗褐色，略如受影一面的效果。目的当然是为仿雕刻所产生的凹凸。在沿用中这个方法较机械地使用久了便迷失了目的，讹误为纯粹装饰的色彩分配时大半没有了凹凸效果而产生了后代彩画所称的"退晕"法，即每色都分成平行于其轮廓的等距离线，由深到浅或由浅到深，称退晕。几个颜色的退晕交织在一个图案中，混合了对比与和谐的最微妙的图案上作用。这种彩画和写实有绝对的距离，非常妍丽而能使彩色交互之间融洽安静没有唐突错杂之感。

以线纹为主的中国传统的虽然有色的图案仍然是老老实实着重于线条的萦绕的。如龙蛇纹或如漆器、铜器上的饰纹等，但两线间可有"面"，这种"面"上还加线可受不同颜色的支配，使主要图案显露在底色以上，但图案仍以线和面相辅而成所谓纹。这个"纹"和"地"的关系便做成装饰效果。所以最有力的是线纹的组织变化，萦绕或波动。作图时也以此为重点，便养成画工眼与手对连续线纹的控制,所谓一笔到底、一气呵成的成分,而喜欢萦迴盘绕。中国风图案的高度成就重点也就在此。这里还牵涉到技术方面工具的因素,首先是中国传统的笔的制法和用笔的方法,下文便还要讨论到;其次是着色的面,所以对于明暗法的凹凸没有兴趣而将它改变成退晕法的装饰效果。

很显然的,这两种图案,至少在敦煌,起源虽不同,而在沿用中边饰的处理方法和柱壁上飞仙云气草叶互相影响混而为一,很快的就结合成一个统一的手法不易分出彼此,如忍冬叶的变化。上文所说,我们的匠师能将新因素加以变革纳入自己系统之中,这里就是一例。萦绕线条的气势再加以"退晕"着色的处理,云气山灵鬼怪龙蛇萦绕等主题上又增加了藤蔓卷草宝花枝条的丰富变化,就无比大胆而聪明地发展开来。

敦煌边饰中还有第三种因素,就是它受到编织物花纹影响的方面,乃至于可说是绫锦图案的应用。除用在橡楣枋等部分外,更多用在区隔墙上各画幅的框格边缘上。这不是没有原因的。上文已提到过敦煌洞窟是建筑物,尽管它的来源是印度和西域,它同时还是在中国本土上的建筑物,不可能完全脱离中国建筑中的许多构成因素。中国建筑装饰的传统里有同丝织物密切的关系的一面,所以敦煌洞窟的装饰图案必然地也会有绫锦花纹这一方面的表现。

更早的我们尚缺资料,只说远在秦汉,我们所知道的一些零星记录。秦始皇的咸阳宫是"木衣绨绣,土被朱紫",便足够说明当时的建筑物的土壁上有画,而木构部分则披有锦绣。在汉代的许多殿内则是"以椒涂壁,被以文绣",或是"屋不呈材,墙不露形，裹以藻绣，络以纶连"。所谓"裹"，据《文选》李善注"裹，缠也"，"纶，纠青丝绶也"。这些"文绣"和"藻绣"起初当然是真的丝织缠着挂着的，后来便影响到以锦绣织文为图案描到壁上的木构部分，如我们在汉砖柱和汉石祠壁上横楣横带上所见。

最初壁上的藻绣同当时衣服上的丝织绫锦又有没有关系呢？有的，《汉书·贾谊传》里："美者黼绣是古天子之服，今富人大贾嘉会召客者以被墙！"又如："今庶人屋壁得为帝服"，及"富人墙屋被文绣，天子之后以缘其领，庶人孽妾缘其履"。都说出了做衣服的丝织竟滥用到墙上去，且壁上的文绣的图案也可以用到衣领和鞋的边缘上来。在敦煌画中盛唐人物的衣领袖口边饰图案的确同用在墙上画幅周围的最多是相同的。

记载资料中，如唐张彦远的《历代名画记》中论"装背褾轴"，就说明六朝已有裱褙字画的办法。那么绫锦和画幅自然又有密切关系，在唐时丝织花纹又发展到壁画的框沿上自是意中事。汉武氏祠石刻画壁上横隔的壁带上用的是以斜方形为装饰的图案。汉画像砖的边缘不但用棱形方格，也多用上下锐角的波纹，都可由于丝织物的编纹而来的图样。在敦煌早期窟中椽上和藻井支条上也多用斜方格图案。这种斜方格或棱形图案亦多见于人物衣上，更无疑的是丝织物所常用的织纹。

汉称锦为织文，《太平御览》曾引《西京杂记》汉宣帝将其幼时臂上所带宝镜"以琥珀筒盛之，缄以斜文织成"。在这方面我们还有两处宋代的资料。一是宋代所编的《营造法式》一书里论"彩笔作"的一篇中称棱形图案为"方胜合罗"，"方胜"本为斜方形的称呼,"罗"字指明其为丝织。又一处是宋庄绰《鸡肋篇》(也作《鸡肋编》)中说"锥小儿能檠茸毛为线织方胜花",可见斜方形花是最易编织的花纹图案。在唐大历六年(771年)关于丝织花纹的禁令上所提到的名称,如盘龙、对凤、孔雀、芝草、万字等中间也有"双胜"之名,当是重叠的菱形图案。菱形的普遍地作为丝织物图案当无疑问。敦煌中菱形花也在早期洞中用于椽和支条上,更可注意它是继续原来传统,如在汉砖柱砖楣上所见。

敦煌边饰除卷草外最常见的是画幅周沿的"文绣"文,而"文绣"文中除菱形外就是"圆窠"。这两者之外就是半个略约如棱形的花纹的对错和半个"圆窠"花纹的对错,此外就是"一整两破"的菱形或图案。这些图案也都最常见于衣缘,证明其为文绣绫锦的正常图案。唐绫锦的名称中就有"小圆窠""窠文锦""独窠""四窠""镜花绫"等都是表示文绣中的团花纹的。而其中的"独窠"当是近代所谓大团花。内中花纹如对雁、对鹰、对麒麟、对狮子、对虎、对豹,在唐武则天时曾是表示官职荣誉的,而在唐开元十九年(731年)玄宗时又曾敕六品以下"不得着独窠绣绫,妇人服饰各依夫子"等语,如此严重当已成为阶级制度的标志了。

几何纹的图案中还有一种龟甲锦文,也是唐的典型称龟背锦的,常见于人物衣袍上面。此外在唐以前北魏、西魏和隋的洞窟边饰中还有多种非中国的丝织物花纹,显著地表现着萨珊波斯的来源,如新月形飞马大圆窠孔雀翎等。这些图案多用小白粉点、小圆圈或连珠圆点等点缀其间,疑为蜡染手法所产生的处理方法，但这些图案不多见于建筑物上，而是描于人像衣服上的。显为当时西域传入的波斯系之丝织物，不属于中国的锦文类内。

总之，敦煌图案花纹有主要的三种来源。一是伊兰系的石刻浮雕上的图案花纹，代表这种的是各种并列的忍冬叶纹。二是秦汉建筑物上的云气龙纹系统的图案，这种图案在敦煌多散见于壁画上或人字坡下木橼之间等。三是"文绣"锦文的系统，多见于画幅周沿，亦见于人物衣领上者。这三种来源基本地都是发展在建筑结构上的装饰同建筑结合在一起的。第一、第二两种来源性质虽不相同，但在敦煌的条件下它们都是以粉彩画装饰建筑中的虚构的结构部分，既非石造也非木构，只是画在泥壁上的长条边饰，所以很快地就彼此混合产生如云又如龙的长条草叶装饰图案。唐卷草就是最成熟的花样。

以上的三种图案在敦煌的洞窟外木造建筑部分中也被应用在梁柱、门楣、藻井支条上。后代所常用的丰富的中国建筑彩画的主要源流都可以追溯至此。同时在敦煌之外的地区里凡是金属和木作的器物，玉作石刻的装饰也都可以应用这些为刻镂的图案。唐宋所发展的彩缯锦绣丝织上的纹样也同这里建筑上所见的彩画系统始终保持着密切关系，互相影响。唐宋绫锦无疑的也常用卷草，所谓"盘条缭绫"不知是否。

此外，今日所知织锦名称中唐宋以来只有"瑞草"一名提到草的图案，其他如"偏地杂花""重莲""红细花盘雕"等则无一指示其为卷草，而都着重于卷在它们当中的花。在实物方面和画中人物的衣上所见到若干证例，也是以草卷花而名称，当然便随花了。在建筑上后代用菱形龟背鳞甲锦文的彩画则极普遍，宋代《营造法式》的彩画作中就详画各种锦文的规格名称，锦文在彩画中始终占重要位置。

这一切都不足为怪，事实上佛教绘画中的一切图案都发展到整个工艺范围以内的装饰方面。或绘、或雕、镶嵌、刻镂、或织、或绣、陶瓷、五金，各依材质都可以灵活处理，普遍地应用起来，各地发掘唐墓中遗物和日本皇室所保存的唐代器物都可供参证。当中国佛教艺术兴盛之时，造像同工艺美术也随着佛教的传播流传入朝鲜和日本。现在从朝鲜三国时期和日本推古、宁古、天平、平安的遗物里都看得清清楚楚南北朝和唐的影响。日本至今对北魏型或唐代卷草都称作"唐草"，尤为有趣。

北魏的忍冬草叶纹和唐卷草纹

敦煌图案中最先引人注意的是北魏洞中四瓣侧面的忍冬草叶的图案类型，和唐卷草纹的多种变化和生动；再次则为忍冬以外手法和题材上显然为各种外来新鲜因素的渗入，如白粉线和小散花的运用，题材中的飞马连珠等；末后则是绫锦纹的种类和变化。今分述如下。

在全世界里的各种图案体系中追寻草叶纹的根源，发现古代植物花纹是极少而且极简单的。埃及的确有过花草类图案，它有过包蕊水莲和芦苇花等典型的几种，但这些传到希腊体系的图案时已演成"卵和箭簇"的图案，原样已变动得不可辨认，在小亚细亚一带这一类"卵和箭簇"和尖头小叶瓣都还保持使用，至传入印度北部的犍陀罗雕刻时这两种的混合却变成了印度佛教像座或背光上最常用的莲瓣。后来随佛像传入中国便极普遍地为我们所吸引，我们南北朝期的仰莲覆莲、莲瓣纹都有极丰富的发展，是各种像座和须弥座上最主要的图案，而且唐宋以来还应普遍地应用到我们的柱础上。

第二种可以称为植物花样的，只有巴比伦——亚速系统的一种"一束草叶"的图案，和极简单的圆形多瓣单朵的花。除此之外，说也奇怪，世界上早期的图案中，就没有再找到确为花或草的纹样。原始时期的民族和游牧狩猎时代产生了复杂的几何纹和虫蛇鸟兽，对于花草似乎没有兴趣。就是这"一束草"也还不是花叶，只不过是一把草叶捆在一起的样子。

"一束草"图案是七个叶瓣束紧了，上端散开，底下托着的梗子有两个卷头底下分左右两股横着牵去，联上左右两旁同样的图案，做成一种横的边饰。这种边饰最初见于亚速的釉墙上面。这个式样传到小亚细亚西部，传到古希腊的伊恩尼亚（伊奥尼亚），便成了后来希腊建筑雕刻上的一种重要图案。上面发展出鸡爪形状的叶瓣，端尖向内，底下两个卷头扩大成为那种典型的伊恩尼亚卷头。

在希腊系中这两个卷头底下又产生出一种很写实的草叶，带着锯齿边的一类，寻常译为忍冬草的，这种草叶，愈来愈大包在卷头的梗上，梗逐渐细小变成圈状的缠绕的藤梗。这种锯齿忍冬叶和圈状梗成了雕刻上主要图案，普遍盛行于希腊。最初的正面鸡爪形状叶反逐渐缩小，或成侧置的半个，成为不重要部分。另外一种保持在小亚细亚一带，亦用于希腊古代红陶器上的，是以单纯黑色如绘影的办法将"一束草"倒转斜置，而以它的卷头梗绕它的外周。这也可说是最早的"卷草纹"，这图案亦见于意大利发掘的古代伊脱拉斯甘（伊特拉斯坎）的陶棺上。这种图案梗圈以内的组织仍然是同原来简单的"一束草"没有两样。

锯齿边的忍冬草在伊恩尼亚卷下逐渐发展得很大也很繁复，成为希腊艺术中著名的叶子。叶名为"亚甘瑟斯"（即莨苕），历来中国称忍冬叶想是由于日本译文。亚甘瑟斯叶子产于南欧，在哥林斯亚的柱头（科林斯柱式）上所用的就最为典型。每一叶分若干瓣，每一瓣再分若干锯齿；瓣和瓣之间相连不断，仅作绉纹，纹凸起若脉络。另一特征是这种叶子的脉络不是从中心一梗支分左右，而是从叶座开始略平行于中间主脉，如白菜叶的形状。

这种写实的"亚甘瑟斯"叶子发展到成熟时，典型的图案是以数个相抱的叶子做个座，从它们中间长出又向左右分开的两个圈状的梗，两梗分向左右回绕，但每梗又分两支，一支向内缠卷围绕，一朵圆形花在它圈中，另一支必翻转相反的方向又自作一圈。沿梗必有侧面的亚甘瑟斯叶包裹在上面，叶端向外自由翻卷做成种种式样。这个图案在罗马全盛时代在雕刻中最普遍，始终极其变化写实的能事。它的画法规则很严格，在文艺复兴后更是被建筑重视而刻意模仿。所以这种亚甘瑟斯或忍冬卷草是西方系统古典希罗艺术的主要特征之一。凡是叶形的图案，几乎无例外地都属于这个系统。

但在敦煌北魏洞中所见是西域传入的"忍冬草叶"图案，不属于希罗系统。它们是属于西亚细亚伊兰系的。这种叶子的典型图案是简单的侧面五瓣或四瓣，正面为三瓣的叶子，形状还像最初的一束草，正像是从小亚细亚陶器上的卷草纹发展出来的。这个叶子由一束分散的草瓣发展到约略如亚甘瑟斯的写实叶子。主要是将瓣与瓣连在一起成了一整片的叶子。它不是写实的亚甘瑟斯而是一种图案中产生的幻想叶子。它上面并没有写实的凸起的筋络，也不分那繁复的锯齿，自然规则大小相间而分瓣等等。这种叶子多半附于波状长梗上左右生出，左旋右转地做成卷草纹边饰图案的。

这种叶瓣较西方的亚甘瑟斯叶为简单而不写实，但极富于装饰性。叶子分成主要的数瓣，瓣端或尖或卷按着旋转的姿势伸出或翻转。侧面放置时较为常见都是分成两三个短瓣一个长瓣，接近梗的地方常另有一瓣从对面翻出，变化也很多。如果是正面安置时，正中一瓣最长，两旁强调最下一瓣向外的卷出，整个印象还保持着"一束草"雏型时的特征，底下的两卷则变化较大，改成种种的不同的图案。

这种忍冬卷草叶纹是东罗马帝国时代拜占庭雕刻的特点。这种叶子所组织成的卷纹图案也曾受一些西罗马系的影响，所以有一些略近于亚甘瑟斯卷纹。但在大体上是固执的伊兰系的幻想的忍冬叶。罗马帝国灭亡之后，由基督教再传入欧洲时最普遍地见于中世纪早期的基督教雕刻与绘画上，更多见于地木雕板和象牙雕刻上。这就是著名的罗曼尼斯克的草纹，当时完全代替了古典的罗马写实卷草，不但盛行于西欧各处中世纪教堂中，也普遍地出现于北欧和东欧的雕刻图案上。

在敦煌早期洞窟中所见的忍冬叶有极不同的两种。一种就是这里所提到的道地的伊兰系的忍冬叶。组织成雕刻型的边饰，以粉彩用凹凸法画出的。这种图案很多是将侧面叶子两两相对，或颠倒相间排列成横条边饰，如在几个北魏洞的壁带上、墙头上和佛龛券沿上所见。这种图案显然是由西域输入的。但很多凹凸法已因色彩的分配只有装饰效果没有起伏。另一种是画在墙壁上段壁画中的。在一列画出的幕沿和垂带底下，一整组的叶子和一个飞仙约略做成一个单位，成列地横飞在空中，飘荡地驾在云上。幕和垂带，飞仙的飘带、披肩、衣裙，周边忍冬叶都像随着大风吹偏在一面。

这种运用腕力自由地在壁上以伶俐洒脱的手笔画出的装饰图案，是完全属于汉代两晋画风的。这种同飞仙云气一起回荡的忍冬叶不组织成为边饰，只是单个的忍冬叶子的式样是属于上面所说的伊兰系统的图案。两两相对雕刻型的忍冬叶边饰中叶子和这一种作风和处理方法如此之不同，却同见于一个早期的洞内，说明雕刻型的保持着西域输入的原状，且装饰在石造建筑物原有这种雕刻的位置上，而绘画型的则是完全以自己民族型式的手法当作画壁来处理，老实不客气地运用所谓"柱壁皆画云气花蒻，山灵鬼怪"的作风，将忍冬叶也附带地吸收进去。

这样的忍冬叶虽来自西域，但经中国画师之手和飞仙组织在一起，叶瓣也像凭风吹动，羽化登仙，气韵生动，飘洒自然，完全的民族形式化了，洞壁上部所见就是一例。前边所提出当时画工是否能吸收新鲜养料，而保持原有优良体系而更加丰富起来，这种忍冬叶的汉化就给我们以最肯定的回答。

更可惊异的是这完全以汉画手法来处理的忍冬叶，和含有雕刻性质的伊兰系的忍冬叶图案，并不从此分道扬镳，各行其是。很迅速的它们又互相影响。绘画型的豪放生动的叶子竟再组织到边饰的范围内，且还影响到真正石刻上的忍冬叶图案，使每个叶子的姿势脱离了原来的伊兰系的呆板而大为活泼。

图版中，南北响堂山石窟寺石楣上忍冬草纹的浮雕实可算雕刻图案中的杰作，尤其是浮雕极薄也是出于传统手法，刻工精美而简练，更产生特殊的效果。这种经过汉风变革过的伊兰系忍冬草纹也是当时传入朝鲜、日本的最典型的图案之一，且是唐以前的一种特征。因为它同盛唐的卷草纹又极为不同。唐初所发展的草叶另属一个系统，彼此之间仅有微妙的关系，当在唐卷草一节中再详细讨论了。

要善于辨别精粗美恶

梅兰芳

一个演员表演艺术的道路如果不正确,即使有较好的条件,在剧场中也能得到一部分观众的赞美,终归没有多大成就,所以说演员选择道路关系非常重大。选择道路的先决条件,就须要自己能鉴别好坏,才能认清正确的方向,不怕手艺低,可以努力练习,怕的是眼界不高,那就根本无法提高了。

不能鉴别好坏,或鉴别能力不强的人,往往还能受环境中坏的影响而不自觉,是非常危险,并且也是非常冤枉的。譬如一个演员天赋条件很好,演技功夫也很扎实,在这种基础上本来可以逐渐提高的。但如果和他同时还有个演员,比他声望高,表演上不可否认的也有些成就,可是毛病相当大,他就很可能受到这个演员的影响,学了一身的毛病,弃自己所长,学别人所短,将来可能弄得无法救药。归根的原因在于自己不能辨别,为一时肤浅的效果所诱惑,以至于走上歧路。

还有一些演员,条件和功夫基础都不错,也没有传染上别人的坏毛病,但自己的艺术总是不见进步,别人的长处感染不到,在生活中遇见鲜明的形象也无动于衷,这是什么道理呢?当然自己不继续勤学苦练也可能在一定的程度上故步自封,但也确有很努力的苦练了半辈子,可是总不够好。我们京剧演员对于这种现象有句老话是"没开窍",这种"没开窍"的原因,就是没有辨别精、粗、美、恶的能力,看见好的不能领会,看见坏的也看不出坏在何处,到处熟视无睹,自己不能给自己定出一个要求的标准,当然就无从提高自己的艺术。

固然聪明人容易开窍,比较笨的人不容易开窍,但是思想懒惰,或骄傲自满,不肯从各方面去思考,不多方面去接触,如同自己掩盖自己眼睛一样,掩着眼睛苦练是不会开窍的。所以天赋尽管比较迟钝,只要努力去各方面接触,广泛地开展自己的眼界,还是能做得到的。

我个人的体验,辨别精、粗、美、恶的能力,完全可以用这种方法训练出来。因为好和坏是比出来的,眼界狭隘的人自然不能知道好的之上更有好的,不看坏的也感觉不出好的可贵。譬如一个演员,看一出公认的优秀演员的戏,或者看一件世界知名的伟大艺术品,看完之后应该自己想一想,究竟看懂没有?一般公认为好的地方究竟看出好来没有?不怕说不出所以然来,只要看得心花怒放,那就说明看懂了。如果自问确实没有看出好来,不要自己骗自己,而轻轻放过去,应当向比自己高明的人去请教,和自己不断的继续钻研,一定要使这个公认的好作品,对自己真的产生感染力,那就说明你的眼界提高了一步,这时候对自己表演的要求无形中也提高了。

对于名演员的表演,一般都有些崇拜思想,容易引起注意,也自然容易发生感染,因而不至于轻轻放过。只是对于一些有精湛表演而不很出名的演员,在辨认他优点的时候,则比较困难。遇到这种观摩机会,千万不要觉得他不是名演员而加以漠视,因为这正是锻炼眼力的好机会。我个人就有这种经验,当我青年的时候,每次演完戏常常站在场面后头看戏,看到有些扮相嗓子都不好的配角演员,前台观众对他不大注意,后台对他却很尊敬,我当然明白这样的老先生一定是有本事。但坦白地说,最初我也看不出好处在哪里,经过长期细听细看,渐渐了解他不仅是会的多、演的准,而且在台上确是有别人所不及的地方。譬如一出戏的配角有某甲、某乙、某丙,在他们共同演出的时候,觉得除了主角之外,还看不出某个配角有什么突出的地方。等到有一天这出戏的某乙演员死了,换上另外一个人,立刻就认识到,原来某乙有这些和那些的长处,是新换的人所赶不上的。从这种实际体验中不知不觉把自己的眼睛练得更敏锐了些。

演员对于观摩同行演员之外,还应当细细地观摩隔行的角色演戏,来扩大自己的眼界。另外,对于向来没有看过的剧种和外国戏,更是考验眼力的好机会。因为对一个完全生疏的剧种,往往不容易理会,但是只要虚心看下去,一定也一样会发现它的优缺点。遇着机会把所看到的优缺点向本剧种的内行透露出来,看他们对自己的外行看法有什么表示。凡是对一种生疏的东西已经能提出恰当的批评来,就说明在原来的基础上又提高一步。

这些增强自己眼力的方法,都是要时时刻刻耐着心去做,不可听其自然,因为有时候稍微疏忽,就会受到损失。举一个例子来说:我记得有一次也是去看一种从来没有见过的地方戏,最初一个感觉，好像觉得唱念有些可笑，锣鼓有些刺耳，很想站起来不看，在这时候自己克制自己，冷静了一下，就想到我是干什么的？今天干什么来了？一定要耐心看下去。转念之间，立刻眼睛耳朵都聪明了，看出不少优点。看了几次之后，不但懂了，而且对于这个剧种某几个演员的表演看上了瘾。

我在几十年的舞台生活中向来是主动的多方面去接触，可是有时还沉不住气，不免要犯主观，不是转念得快，就几乎使自己受了损失。所以我觉得一个演员训练自己辨别精、粗、美、恶的能力，全靠自己来掌握……

一个古老的剧种，能够松柏常青，是因为它随时进步。如果有突出的、优秀的创造而为这个古老剧种某一项格律所限制的时候，我的看法是有理由可以突破的。但是必须有能力辨别好坏，这样的突破是不是有艺术价值？够得上好不够？值不值得突破？我同意欧阳予倩先生说的话："不必为突破而突破。"话又说回来，没有鉴别好坏的能力，眼界狭隘，就势必乱来突破了。

雅俗共赏

山水及自然景物的欣赏

郁达夫

自从亚里士多德的文学模仿论创定以来,以为诗的起源是根据于模仿本能的学说,到现在还没有绝迹;论客的富有独断性者,甚至于说出"所有的艺术,都是自然的模仿;模仿得像一点,作品就伟大一点,文学是如此,绘画亦如此,推而至于音乐,舞蹈,也无一不如此"等话来。

这句话,虽则说得太独断,太笼统;但反过来说,自然景物以及山水,对于人生,对于艺术,都有绝大的影响,绝大的威力,却是一件千真万确的事情;所以欣赏山水以及自然景物的心情,就是欣赏艺术与人生的心情。

无论是一篇小说,一首诗,或一张画,里面总多少含有些自然的分子在那里;因为人就是上帝所造的物事之一,就是自然的一部分,绝不能够离开自然而独立的。所以欣赏自然,欣赏山水,就是人与万物调和,人与宇宙合一的一种谐合作用,照亚里士多德的说法,就是诗的起源的另一个原因,喜欢调和的本能的发露。

自然的变化，实在多而且奇，没有准备的欣赏者，对于他的美点也许会捉摸不十分完全的；就单说一个天体吧，早晨的日出，中午的晴空，傍晚的日落，都是最美也没有的景象；若再配上以云和影的交替，海与山的参错，以及一切由人造的建筑园艺，或种植畜牧的产物，如稻麦、牛羊、飞鸟、家畜之类，则仅在一日之中，就有万千新奇的变化，更不必去说暗夜的群星，月明的普照，或风、雷、雨、雪的突变，与四季寒暖的更迭了。

我们人类，大家都有一种特性，就是喜新厌旧，每想变更的那一种怪习惯；不问是一个绝色的美人，你若与她日日相对，就要觉得厌腻，所以俗语里有"家花不及野花香"的一句；或者是一碗最珍贵最可口的菜，你若每日吃着，到了后来，也觉得宁愿去换一碗粗肴淡菜来下饭；唯有对于自然，就绝不会产生这一种感觉，太阳自东方出来，西方下去，日日如此，年年如此，我们可没有听见说有厌看白天晚上的一定轮流而去自杀的人。还有月亮哩，也是只在那么循行自有地球有人类以来的一套老调，初一出，月半圆，月底全没有，而无论哪一处的无论哪一个人，看了月亮，总没有不喜欢的，当然瞎子又当别论了。自然的伟大，自然的与人类有不可须臾离的关系，就此一点也可以看出来了，这就是欣赏自然景物的人类的天性。

欣赏自然景物的本能，是大家都有的；不过有些人忙于衣食，不便沉酣于大自然的美景，有些人习以为常了，虽在欣赏，也没有欣赏的自觉，因而使一般崇拜自然美的人，得自命为雅士，以为自然景物，就只为了他们少数人而存在的。更有些人，将自然范围限制得很小，以为能如此这般的欣赏，自然景物就尽在他们的囊中了……我从前在北平的时候，就有一位同事，是专门学法律的人，他平时只晓得钻门路，积私财，以升官发财为唯一的人生乐趣，你若约他上中央公园去喝一碗茶，或上西山去行半日乐，他就说这是浪漫的行径，不是学者所应有的态度。

现在他居然位至极品，财积到了几百万了，但闻他唯一娱乐，还是出外则装学者的假面，回家则翻存在英国银行里的存折，对于自然，对于山水，非但不晓得欣赏，并且还是视若仇敌似的。

对于这一种利欲熏心的人，我以为对症的良药，就只有一服山水自然的清凉散。到这里，前面所开的那两个节目，倒真合用了；因为山水、自然，是可以使人性发现，使名利心减淡，使人格净化的陶冶工具。

我想中国贪官污吏的辈出，以及一切政治施设都弄不好的原因，一大半也许是在于为政者的昧了良心，忽略了自然之所致。

自然景物所包含的方面，原是极博大、极广阔的；像上面所说的天地岁时、社会人事，静而观之，无一不是自然，无一不可以资欣赏，但这却非要悠闲自得，像朱夫子那样的道学先生才办得到；至于我们这种庸人，要想得到些自然的美感，第一，还是上山水佳处去寻生活，较为直截了当；古往今来，闲人达士的游山玩水的习惯的不易除去，甚至于有渴慕烟霞成痼疾的原因，大约总也就在这里。

大抵山水佳处，总是自然景物的美点发挥得最完美、最深刻的地方。孔夫子到了川上，就觉悟到了他的栖栖一代，猎官求仕之非；太史公游览了名山大川，然后才死心塌地，去发愤而著书。可知我们平时所感受不到的自然的威力，到了山高水长的风景聚处，就会得同电光石火一样，闪耀到我们的性灵上来；古人的讲学读书，以及修真求道的必须要入深山傍大水去结庐的理由，想来也就在想利用这一点山水所给与人的自然的威力。

我曾经到过日本的濑户内海去旅行，月夜行舟，四面青葱欲滴，当时我就只想在四国的海岸做一个半渔半读的乡下农民；依船楼而四望，真觉得物我两忘，生死全空了。后来也登过东海的崂山，上过安徽的黄山，更在天台雁荡之间，逗留过一段时期，每到一处，总没有一次不感到人类的渺小，天地的悠久的；而对于自然的伟大，物欲的无聊之念，也特别的到了高山大水之间，感觉得最切。所以要想欣赏自然的人，我想还是先上山水优秀的地方去训练耳目，最为适当。

从前有一个赞美英国 19 世纪的那位美术批评家拉斯肯的人说，他在没有读过拉斯肯以前，对于绘画，对于蒙勃兰高峰的积雪晴云，对于威尼斯，弗露兰斯（即佛罗伦萨）的壁画殿堂，犹如瞎子，读了之后，眼就开了。这话对于高深的艺术品的欣赏，或者是真的，但对于自然美，尤其是山水美的感受，我想也未必尽然。粗枝大略的想欣赏自然，欣赏山水，不必要有学识、有鉴赏力的人才办得到的；乡下愚夫愚妇的千里进香，都市里寄住的小市民的窗槛栽花，都是欣赏自然的心情的一丝表白。我们只教天良不泯，本性尚存，则但凭我们的直觉，也就尽够做一个自然景物与高山大水的初步欣赏者了。

论雅俗共赏

朱自清

陶渊明有"奇文共欣赏,疑义相与析"的诗句,那是一些"素心人"的乐事,"素心人"当然是雅人,也就是士大夫。这两句诗后来凝结成"赏奇析疑"一个成语,"赏奇析疑"是一种雅事,俗人的小市民和农家子弟是没有份儿的。然而又出现了"雅俗共赏"这一个成语,"共赏"显然是"共欣赏"的简化,可是这是雅人和俗人或俗人跟雅人一同在欣赏,那欣赏的大概不会还是"奇文"罢。这句成语不知道起于什么时代,从语气看来,似乎雅人多少得理会到甚至迁就着俗人的样子,这大概是在宋朝或者更后罢。

原来唐朝的安史之乱可以说是我们社会变迁的一条分水岭。在这之后,门第迅速的垮了台,社会的等级不像先前那样固定了,"士"和"民"这两个等级的分界不像先前的严格和清楚了,彼此的分子在流通着,上下着。而上去的比下来的多,士人流落民间的究竟少,老百姓加入士流的却渐渐多起来。王侯将相早就没有种了,读书人到了这时候也没有种了;只要家里能够勉强供给一些，自己有些天分，又肯用功，就是个"读书种子"；去参加那些公开的考试，考中了就有官做，至少也落个绅士。

这种进展经过唐末跟五代的长期的变乱加了速度，到宋朝又加上印刷术的发达，学校多起来了，士人也多起来了，士人的地位加强，责任也加重了。这些士人多数是来自民间的新的分子，他们多少保留着民间的生活方式和生活态度。他们一面学习和享受那些雅的，一面却还不能摆脱或蜕变那些俗的。人既然很多，大家是这样，也就不觉其寒尘；不但不觉其寒尘，还要重新估定价值，至少也得调整那旧来的标准与尺度。

"雅俗共赏"似乎就是新提出的尺度或标准，这里并非打倒旧标准，只是要求那些雅士理会到或迁就些俗士的趣味，好让大家打成一片。当然，所谓"提出"和"要求"，都只是不自觉的看来是自然而然的趋势。

中唐的时期，比安史之乱还早些，禅宗的和尚就开始用口语记录大师的说教。用口语为的是求真与化俗，化俗就是争取群众。安史之乱后，和尚的口语记录更其流行，于是乎有了"语录"这个名称，"语录"就成为一种著述体了。

到了宋朝，道学家讲学，更广泛地留下了许多语录；他们用语录，也还是为了求真与化俗，还是为了争取群众。所谓求真的"真"，一面是如实和直接的意思。禅家认为第一义是不可说的，语言文字都不能表达那无限的可能，所以是虚妄的。然而实际上语言文字究竟是不免要用的一种"方便"，记录的文字自然越近实际的、直接的说话越好。在另一面这"真"又是自然的意思，自然才亲切，才让人容易懂，也就是更能收到化俗的功效，更能获得广大的群众。道学主要的是中国的正统的思想，道学家用了语录做工具，大大地增强了这种新的文体的地位，语录就成为一种传统了。

比语录体稍稍晚些，还出现了一种宋朝叫作"笔记"的东西。这种作品记述有趣味的杂事，范围很宽，一方面发表作者自己的意见，所谓意见，也就是批评，这些批评往往也很有趣味。作者写这种书，只当作对客闲谈，并作一本正经，虽然以文言为主，可是很接近说话。这也是给大家看的，看了可以当作"谈助"，增加趣味。宋朝的笔记最发达，当时盛行、流传下来的也很多。目录家将这种笔记归在"小说"项下，近代书店汇印这些笔记，更直题为"笔记小说"；中国古代所谓"小说"，原是指记述杂事的趣味作品而言的。

那里我们得特别提到唐朝的"传奇"，据说可以见出作者的"史才、诗笔、议论"，是唐朝士子在投考进士以前用来送给一些大人先生看，介绍自己，求他们给自己宣传的。其中不外乎灵怪、艳情、剑侠三类故事，显然是以供给"谈助"，引起趣味为主。无论照传统的意念，或现代的意念，这些"传奇"无疑的是小说，一方面也和笔记的写作态度有相类之处。照陈寅恪先生的意见，这种"传奇"大概起于民间，文士是仿作，文字里多口语化的地方。

陈先生并且说唐朝的古文运动就是从这儿开始。他指出古文运动的领导者韩愈的《毛颖传》，正是仿"传奇"而作。我们看韩愈的"气盛言宜"的理论和他的参差错落的文句，也正是多多少少在口语化。他的门下的"好难""好易"两派，似乎原来也都是在试验如何口语化。可是"好难"的一派过分强调了自己，过分想出奇制胜，不管一般人能够了解欣赏与否，终于被人看作"诡"和"怪"而失败，于是宋朝的欧阳修继承了"好易"的一派的努力而奠定了古文的基础。以上说的种种，都是安史乱后几百年间自然的趋势，就是那雅俗共赏的趋势。

宋朝不但古文走上了"雅俗共赏"的路，诗也走向这条路。胡适之先生说宋诗的好处就在"做（作）诗如说话"，一语道破指出了这条路。自然，这条路上还有许多曲折，但是就像不好懂的黄山谷，他也提出了"以俗为雅"的主张，并且点化了许多俗语成为诗句。实践上"以俗为雅"，并不从他开始，梅圣俞、苏东坡都是好手，而苏东坡更胜。据记载梅和苏都说过"以俗为雅"这句话，可是不大靠得住；黄山谷却在《再次韵杨明叔》一诗的"引"里郑重地提出"以俗为雅，以故为新"，说是"举一纲而张万目"。他将"以俗为雅"放在第一，因为这实在可以说是宋诗的一般作风，也正是"雅俗共赏"的路。但是加上"以故为新"，路就曲折起来，那是雅人自赏，黄山谷所以终于不好懂了。不过黄山谷虽然不好懂，宋诗却终于回到了"做（作）诗如说话"的路，这"如说话"，的确是条大路。

雅化的诗还不得不回向俗化，刚刚来自民间的词，在当时不用说自然是"雅俗共赏"的。别瞧黄山谷的有些诗不好懂，他的一些小词可够俗的。柳耆卿更是个通俗的词人。词后来虽然渐渐雅化或文人化，可是始终不能雅到诗的地位，它怎么着也只是"诗馀"。词变为曲，不是在文人手里变，是在民间变的；曲又变得比词俗，虽然也经过雅化或文人化，可是还雅不到词的地位，它只是"词馀"。一方面从晚唐和尚的俗讲演变出来的宋朝的"说话"就是说书,乃至后来的平话以及章回小说,还有宋朝的杂剧和诸宫调等等转变成功的元朝的杂剧和戏文,乃至后来的传奇,以及皮簧戏,更多半是些"不登大雅"的"俗文学"。这些除元杂剧和后来的传奇也算是"词馀"以外,在过去的文学传统里简直没有地位;也就是说这些小说和戏剧在过去的文学传统里多半没有地位,有些有点地位,也不是正经地位。可是虽然俗,大体上却"俗不伤雅",虽然没有什么地位,却总是"雅俗共赏"的玩艺儿。

"雅俗共赏"是以雅为主的,从宋人的"以俗为雅"以及常语的"俗不伤雅",更可见出这种宾主之分。起初成群俗士蜂拥而上,固然逼得原来的雅士不得不理会到甚至迁就着他们的趣味,可是这些俗士需要摆脱的更多。他们在学习,在享受,也在蜕变,这样渐渐适应那雅化的传统,于是乎新旧打成一片,传统多多少少变了质继续下去。前面说过的文体和诗风的种种改变,就是新旧双方调整的过程,结果迁就的渐渐不觉其为迁就,学习的也渐渐习惯成了自然,传统的确稍稍变了质,但是还是文言或雅言为主,就算跟民众近了一些,近得也不太多。

至于词曲,算是新起于俗间,实在以音乐为重,文辞原是无关轻重的;"雅俗共赏",正是那音乐的作用。后来雅士们也曾分别将那些文辞雅化,但是因为音乐性太重,使他们不能完成那种雅化,所以词曲终于不能达到诗的地位。而曲一直配合着音乐,雅化更难,地位也就更低,还低于词一等。可是词曲到了雅化的时期,那"共赏"的人却就雅多而俗少了。

真正"雅俗共赏"的是唐、五代、北宋的词，元朝的散曲和杂剧，还有平话和章回小说以及皮簧戏等。皮簧戏也是音乐为主，大家直到现在都还在哼着那些粗俗的戏词，所以雅化难以下手，虽然一二十年来这雅化也已经试着在开始。

平话和章回小说，传统里本来没有，雅化没有合式的榜样，进行就不易。《三国演义》虽然用了文言，却是俗化的文言，接近口语的文言，后来的《水浒》《西游记》《红楼梦》等就都用白话了。不能完全雅化的作品在雅化的传统里不能有地位，至少不能有正经的地位。雅化程度的深浅，决定这种地位的高低或有没有，一方面也决定"雅俗共赏"的范围的小和大——雅化越深，"共赏"的人越少，越浅也就越多。所谓多少，主要的是俗人，是小市民和受教育的农家子弟。在传统里没有地位或只有低地位的作品，只算是玩艺儿；然而这些才接近民众，接近民众却还能教"雅俗共赏"，雅和俗究竟有共通的地方，不是不相理会的两橛了。

单就玩艺儿而论，"雅俗共赏"虽然是以雅化的标准为主，"共赏"者却以俗人为主。固然，这在雅方得降低一些，在俗方也得提高一些，要"俗不伤雅"才成；雅方看来太俗，以至于"俗不可耐"的，是不能"共赏"的。但是在什么条件之下才会让俗人所"赏"的，雅人也能来"共赏"呢？

我们想起了"有目共赏"这句话。孟子说过"不知子都之姣者，无目者也"，"有目"是反过来说，"共赏"还是陶诗"共欣赏"的意思。子都的美貌，有眼睛的都容易辨别，自然也就能"共赏"了。孟子接着说："口之于味也，有同嗜焉；耳之于声也,有同听焉;目之于色也,有同美焉。"这说的是人之常情,也就是所谓人情不相远。但是这不相远似乎只限于一些具体的、常识的、现实的事物和趣味。譬如北平罢,故宫和颐和园,包括建筑、风景和陈列的工艺品,似乎是"雅俗共赏"的,天桥在雅人的眼中似乎就有些太俗了。

说到文章,俗人所能"赏"的也只是常识的、现实的。后汉的王充出身是俗人,他多多少少代表俗人说话,反对难懂而不切实用的辞赋,却赞美公文能手。公文这东西关系雅俗的现实利益,始终是不曾完全雅化了的。

再说后来的小说和戏剧,有的雅人说《西厢记》诲淫,《水浒传》诲盗,这是"高论"。实际上这一部戏剧和这一部小说都是"雅俗共赏"的作品。《西厢记》无视了传统的礼教,《水浒传》无视了传统的忠德,然而"男女"是"人之大欲"之一,"官逼民反",也是人之常情,梁山泊的英雄正是被压迫的人民所想望的。俗人固然同情这些,一部分的雅人,跟俗人相距还不太远的,也未尝不高兴这两部书说出了他们想说而不敢说的。这可以说是一种快感,一种趣味,可并不是低级趣味;这是有关系的,也未尝不是有节制的。"诲淫""诲盗"只是代表统治者的利益的说话。

19世纪、20世纪之交是个新时代,新时代给我们带来了新文化,产生了我们的知识阶级。这知识阶级跟从前的读书人不大一样,包括了更多的从民间来的分子,他们渐渐跟统治者拆伙而走向民间。于是乎有了白话正宗的新文学,词曲和小说戏剧都有了正经的地位。还有种种欧化的新艺术。这种文学和艺术却并不能让小市民来"共赏",不用说农工大众。于是乎有人指出这是新绅士也就是新雅人的欧化,不管一般人能够了解欣赏与否。他们提倡"大众语"运动。但是时机还没有成熟,结果不显著。抗战以来又有"通俗化"运动,这个运动并已经在开始转向大众化。"通俗化"还分别雅俗,还是"雅俗共赏"的路,大众化却更进一步要达到那没有雅俗之分,只有"共赏"的局面。这大概也会是所谓由量变到质变罢。

关于中国画精神

傅抱石

超然的精神

中国画重笔法（即线条）。中国人用毛笔写字，作画也用毛笔，书画的工具方法相同，因此中国书画是可以认为同源的……这是中国绘画超然之第一点。

中国画重气韵。六朝时南齐有一位人物画家谢赫，他是中国画最早的一位批评家……谢赫的气韵之说，最初的含义或是指能出诸实对而又脱略形迹，笔法位置一任自然的一种完美无缺的画面，这是中国绘画超然之第二点。

中国画重自然。中国几千年来，以儒教为中心。虽然儒教思想在政治上非常深厚，但是，促成中国艺术之发展和孕育中国艺术之精神的应该是道家思想……可知士大夫之崇尚自然，应该相信是山水画发达之原因，同时也是道家思想发展中之美景了。中国人如果永远不放弃山水画，中国人的胸襟永远都是阔大的。这是中国绘画超然之第三点。

民族之精神

中国画另有一种精神便是民族精神……中国画重人品，重修养，并重节操。北宋以后绘画益盛，文人如黄山谷、苏东坡、沈存中等，都主张画是人品的表现……这种重人品弃形似的思想，影响以后中国绘画的，非常重要。这种重修养、重人品的条件，本是中国画一贯的精神，尤其在北宋以后特别抬头。

写意的精神

……中国画画一个人，不只是画外表，而是要像这个人的精神，一般人所谓"全神气"，即是要把这人的精神表达出来。所以中国画要画的不是形，而是神……这种写意的精神，我个人认为是产生于中国画的工具和材料尤其是中国人的思想。

关于中国山水画写生

中国山水画的写生有它自己的特点，有别于西洋画中的风景写生，中国山水画写生，不仅重视客观景物的选择和描写，更重视主观思维对景物的认识和反映，强调作者的思想感情的作用。在整个山水画写生过程中，必须贯彻情景交融的要求。作者通过对景物的描写来反映自己的思想感情，首先要选择写生的景物。合于自己的兴味才能触景生情。如果在自己丝毫不感兴趣的地方写生，即使花很大力气也是不会取得好的效果的。勉强画成，只是干巴巴地如实描写，与中国山水画的写生要求相差甚远，那是没有意义的。

关于中国画之变革

中国画需要"变"毫无疑问，但问题端在如何变。我比较喜欢写山水，山水在宋以后壁垒最为森严，"南宗""北宗"固是山水画家得意门径，而北苑（董源，五代南唐杰出画家，曾任北苑副使，世称董北苑）、大痴（黄公望，元代著名画家，字子久，号一峰、大痴道人，晚号井西道人）、石田（沈周，明代著名画家、书法家、文学家、医学家，字启南，号石田，晚号白石翁）、苦瓜（石涛，清代著名画家，法名原济，一作元济、道济。本姓朱，名若极。字石涛，又号苦瓜和尚、大涤子、清湘陈人等），也有不少的人自承遥接衣钵。你要画山水，无论你向着何处走，那里必有既坚且固的系统在等候着，你想不安现状，努力向上一冲，可断言当你刚起步时，便有一种东西把你摔倒！这是说，在山水上想变，是如何困难的事情。

然而从另一观点看，画是不能不变的，时代、思想、材料、工具，都间接或直接地予以激荡。宋明不亡，至少不会有吴仲圭（吴镇，元代画家。字仲圭，号梅花道人）、倪云林（倪瓒，元代画家、诗人。初名珽，字泰宇，后字元镇，号云林居士、云林子，或云林散人）、石涛、八大（朱耷，明朝宗室，江西南昌人，明末清初画家、书法家，号八大山人，又号雪个、个山 、入屋、驴屋等）诸大家，泾县及其附近的宣纸不发达，水墨画的高潮不至崛起万状，把重着色的绢布之类打得一蹶不振，可见画的本身随时随地都在变而且不得不变。由此以观，青绿、水墨、士夫、院体，是画的变，即同一传统或师承也各有各的面目与境界。

我认为中国画需要快快地输入温暖，使僵硬的东西先渐渐恢复它的知觉，再图变更它的一切。换句话说，中国画必须先使它"动"，能"动"才会有办法。单就山水论，到了晚明——约当吴梅村（明末清初著名诗人，本名吴伟业，字骏公，号梅村）所咏"画中九友"的时代——山水的发达已到了饱和点。同时，山水的衰老也开始于这时代，一种极富于生命的东西，遂慢慢消缩麻痹，结果仅留若干骸骨供人移运。中国画学上最高的原则本以"气韵生动"为第一，因为"动"，所以才有价值，才是一件美术品。

关于"笔墨不能不变"

只有深入生活，才能够有助于理解传统，从而正确地继承传统；也只有深入生活，才能够创造性地发展传统。笔墨技法，不仅仅源自生活并服从一定的主题内容，同时它又是时代的脉搏和作者的思想、感情的反映。我觉得，这一点在今天看来哪怕是不很巩固的体会，却清楚地、有力地推动了画家们思想上的尖锐斗争——对自己多年拿手的（习惯、掌握了的）"看家本领"开始考虑。这是极为可贵，极为难得的。所谓考虑问题，绝非说"看家本领"全要不得，笔墨全没用了。绝不如此。而是由于时代变了，生活、感情也跟着变了，通过新的生活感受，不能不要求在原有的笔墨技法的基础之上，大胆地赋以新的生命，大胆地寻找新的形式技法，使我们的笔墨能够有力地表达对新的时代、新的生活的歌颂与热爱。换句话，就是不能不要求"变"。

中国歌舞短论

聂　耳

电影艺术，本不应该谈起歌舞，但看有声片里，似乎有着很多用处，无妨就此叙述叙述。

说到中国的歌舞，不免想起创办这玩意儿的鼻祖：黎锦晖，不怕苦，带领了一班红男绿女东奔西跑，国内国外，显了十几年的软功夫，佩服！佩服！

香艳肉感，热情流露，这便是十几年来所谓歌舞的成绩。

口口声声唱的是艺术，是教育；然而，那么一群——表演者——正是感着不可言状的失学之苦，什么叫社会教育？儿童教育？唉！被麻醉的青年儿童，无数！无数！

黎锦晖的作品当中，并非全是一塌糊涂。有的却带有反封建的元素，也有的描写出片面的贫富阶级悬殊；然而，我们所需要的不是软豆腐，而是真刀真枪的硬功夫！你想，资本家住在高楼大厦大享其福，工人们汗水淋漓地在机械下暗哭，我们应该取怎样的手段去寻求一个劳苦大众的救主？！

《夜花园里》是卖文者感到劳苦大众的痛苦；《小利达之死》

便写了一点点贫富的冲突。所以，我之对于歌舞和那鼻祖，还有着一线的希望之路。

今后的歌舞，若果仍是为歌舞而歌舞，那么，根本莫想踏上艺术之途！再跑几十年也罢！还不是嘴里进，屁股里出？

贫富的悬殊，由斗争中找到社会的进步，这事实，谁也不能掩护。嗳哟哟！亲爱的创办歌舞的鼻祖哟！你不要以为你有反封建的意识便以为满足！你不听见这地球上，有着无穷的一群人在你的周围呐喊，狂呼！你要向那群众深入，在这里面，你将有新鲜的材料，创造出新鲜的艺术。喂！努力！那条才是时代的大路！

电影的音乐配奏

聂 耳

我们每看一部影片,不仅是去看银幕上所映出的画面,同时还要用耳朵去听它所配奏的音乐。

在看电影的时候,有时会使你兴奋激昂,有时会使你感伤得流泪;这不是单纯的在银幕上所给与的刺激,而一半是耳朵周围的音响支配了你的情感。

无疑地,音乐在电影艺术中是占有很重要的地位。

在好莱坞每摄一部影片,它对于音乐的配奏看得非常重要。不论有声片或无声片,音乐工作的布置却是首先要解决的问题:有声片分幕后便交音乐家作曲,收音部研究各种音响配置的问题;无声片在拍戏时有无线电、留声机在摄影场伴奏乐队演奏的音乐,制造出种种空气帮助演员的表情或导演的指挥。

在苏联和德国,他们对于无声片的音乐配奏也是取同样方式,但对于有声片却更精细得多。我们可以在他们的影片里看出,他们是最能善用声片的音乐音、噪音适当地配合着剧情,给观众感到眼里所看的,耳里所听的,脑里所想的,融化得恰到好处。

回顾国产影片的对于音乐，一向是取忽视的态度，莫说拍无声片拍戏时没有制造空气的音乐设备，就是在有声片里也没有一部是对音乐下过一番功夫；固然，我们不能去和外国片相比，然而也不要忽视它，我们至少要利用这一有力的工具，渐渐增强国产影片的实力。

制片家们！认清了音乐在电影艺术中的地位，认真地去注视它，这是我们最低限度的希望。

民众艺术的内容

苏　汶

近来，民众艺术的声浪似乎又高了起来，但是我们对于真正的民众艺术家的所以成为"众"的原因，却绝对忽略了过去。我们甚至忘记了这班艺术家的存在；我们忘记了在我们这个社会里是早就存在着许许多多的说书家、滩簧家，以至于"小热昏"，他们都比我们更懂得民众所要的是什么，他们懂得给予民众以所要的东西，他们自己也成为民众的爱宠。

自然，在这些人所给予的东西里，也许包含着一些封建社会的"毒汁"，但我以为毒不毒是另一个问题，重要的是在他们所以能深入到民众里去的原因。

前一些时，我曾在一个新的刊物里看到一篇介绍独角戏家王无能先生的文字，而且相当的批判了王先生的艺术的社会意义。此后，我们发现这种文字是非常之少，少到根本没有，这使我不能不对热心提倡民众艺术的诸位先生表示遗憾。

近十年来，我们有一个伟大的民众艺术家，他的作品的号召力，不用说新文学的作品是不敢望其项背，即与张恨水先生的小说《啼笑姻缘》、郑正秋先生的电影《姊妹花》比较，相去亦何止千百倍。这位艺术家便是艺名"小达子"的李桂春先生。

固然，李先生自己演戏，座价虽然比不上梅博士那么叫人惊异，穷小子们究竟也只能高高的爬到三层楼去看看。可是，他的地位却的确是建设在这些三层楼群众上面的：我们往往看到三层楼上喝彩，而正厅和包厢里并不喝彩。这且不说，李先生手编的《狸猫换太子》连台戏，却更足证明他的艺术是能够深入到广大的群众里去。这本戏不单是李先生自己时常演唱，而别人也学着演唱。即就上海一隅而论，几乎每天，总有两三处游戏场的京剧班在演唱着这个戏，而且每场都挤足了人，这样的盛况，竟至维持了五六年之久，至今未见衰退。

据说士大夫们（旧的或是新的）是不屑看这本戏的，也就往往忽略了这个惊人的事实。曾经有一次，并不是出于什么严肃的动机，我曾经到过一家这种民众的乐园的游戏场，各场均嘈杂不堪，叫人不耐久留，只有京戏场情形却完全两样。人们把座位完全占据了去，非到终场决不会有空位子让出来。脸上人人都带着一种鉴赏艺术的严肃。应该笑的时候，他们笑；应该喝彩的时候，他们喝彩；甚至应该哭的时候，也有许多人真会哭。

台上自然是《狸猫换太子》，这可是个烂熟的故事，据我看，却不是每个观者都熟悉的。他们时常向邻座询问故事的经过；这里面，我却很偶然地发现了一个典型的事实：即是，他们并不关心每一个不一定重要的人物的姓名或其他，他们主要的是先问明白那是"好"人或是"坏"人，仿佛人物的"好"或"坏"一定，故事的展开便极容易理解了。假如，没有斗争便没有戏剧这句话可以到这里来应用，那么我敢说，《狸猫换太子》这个剧的构成分子并不是阶级斗争，也不是民族斗争，而的确是民众所最关心的"善"与"恶"的斗争。而这也正是最足以诉诸于民众的感情的一点。

中国人素来最不肯放弃君子和小人之分界，我起初还以为仅仅限于士大夫阶级，现在却感悟到一般小市民及劳动者也都有着这种成见，因此，为原始的正义观扬眉吐气的《狸猫换太子》剧本，便刚巧在这种成见上建立了它的地位了。

有人颇鄙薄民众对艺术的欣赏力，以为民众所要的只是色情和滑稽；其实，我们这些自命的智识阶级何尝不是也要求着色情和滑稽。民众艺术除了这些无聊的组成分子之外，自然也有它的所以能成为民众的内容在。我们假如不从民众的感情上去耐心地寻味、体会，以创造新的无"毒"的东西来代旧的也许有"毒"的东西，只是凭着一些高调的而实际上潦草的理论来进行我们的运动，那，据我想，要获得李桂春先生那么广大的群众的爱戴，恐怕未必是可能的事吧。

现代中国艺术之恐慌

傅 雷

现代中国的一切活动现象，都给恐慌笼罩住了：政治恐慌，经济恐慌，艺术恐慌。而且在迎着西方的潮流激荡的时候，如果中国还是在它古老的面目之下，保持它的宁静和安谧，那倒反而是件令人惊奇的事了。

可是对于外国，这种情形并不若何明显。其实，无论在政治上或艺术上，要探索目前恐慌的原因，还得往外表以外的内部去。

第一，中国艺术是哲学的，文学的，伦理的，和现代西方艺术完全处于极端的地位。但自明末（17世纪）以来，伟大的创造力渐渐地衰退下来，雕刻久已没有人认识；装饰美术也流落到伶俐而无天才的匠人手中去了；只有绘画超生着，然而大部分的代表，只是一般因袭成法，摹仿古人的作品罢了。

我们以下要谈到的两位大师，在现代复兴以前诞生了：吴昌硕与陈师曾——这两位，在把中国绘画从画院派的颓废的风气中挽救出来这一点上，曾做出值得颂赞的功劳。吴氏的花卉与静物,陈氏的风景,都是感应了周汉两代的古石雕与铜器的产物。吴氏并且用北派的鲜明的颜色,表现纯粹南宗的气息。他毫不怀疑地把各种色彩排比成强烈的对照;而其精神的感应,则往往令人发现极度摆脱物质的境界:这就给予他的画面以一种又古朴又富韵味的气象。

然而,这两位大师的影响,对于同代的画家,并没产生相当的效果,足以撷取古传统之精华,创造现代中国的新艺术运动。那些画院派仍是继续他的摹古拟古,一般把绘画当作消闲的画家,个个自命为诗人与哲学家,而其作品,只是老老实实地平凡而已。

这时候"西方"渐渐在"天国"里出现,引起艺术上一个很不小的纠纷,如在别的领域中一样。

这并非说西方艺术完全是簇新的东西。明末,尤其是清初,欧洲的传教士,在与中国艺术家合作经营北京圆明园的时候,已经知道用西方的建筑,雕塑,绘画,取悦中国的帝皇。当然,要谈到民众对于这种异国情调之认识与鉴赏,还相差很远。要等到19世纪末期,各种变故相继沓来的时候,西方文明才挟了侵略的威势,内犯中土。

1912,正是中国宣布共和那一年,一个最初教授油画的上海美术学校,由一个年纪轻轻的青年刘海粟氏创办了。创立之目的,在最初几年,不过是适应当时的需要,养成中等及初等学校的艺术师资。及至七八年以后,政府才办了一个国立美术学校于北京。欧洲风的绘画,也因了1913、1915、1920年,刘海粟氏在北京上海举行的个人展览会,而很快地发生了不少影响。

这种新艺术的成功,使一般传统的老画家不胜惊骇,以至替刘氏加上一个从此著名的别号:"艺术叛徒"。上海美术学校且也讲授西洋美术史,甚至,一天,它的校长采用裸体的模特(1918年)。这种新设施,不料竟干犯了道德家,他们屡次督促政府加以干涉。最后而最剧烈的一次战争,是在1924年发难于上海。"艺术叛徒"对于西方美学,发表了冗长精博的辩辞以后,终于获得了胜利。

从此,画室内的人体研究,得到了官场正式的承认。

这桩事故,因为他表示西方思想对于东方思想,在艺术与道德的领域内,得到了空前的胜利,所以尤有特殊的意义。然而西方最无意味的面目——学院派艺术,也紧接着出现了。

美专的毕业生中,颇有到欧洲去,进巴黎美术学校研究的人,他们回国摆出他们的安格尔(Ingres)、达维特(David),甚至他们的巴黎的老师。他们劝青年要学漂亮(distingue)、高贵(noble)、雅致(elegant)的艺术。这些都是欧洲学院派画家的理想。可是上海美专已在努力接受印象派的艺术,凡·高,塞尚,甚至玛蒂斯。

1924年,已经为大家公认为受西方影响的画家刘海粟氏,第一次公开展览他的中国画,一方面受唐宋元画的思想影响,一方面又受西方技术的影响。刘氏在短时间内研究过欧洲画史之后,他的国魂与个性开始觉醒了。

至于刘氏之外,则多少青年,过分地渴求着"新"与"西方",而跑得离他们的时代与国家太远!有的自号为前锋的左派,模仿立体派、未来派、达达派的神怪的形式，至于那些派别的意义和渊源，他们只是一无所知的茫然。又有一般自称人道主义派，因为他们在制造普罗文学的绘画（在画布上描写劳工、苦力等）；可是他们的作品，既没有真切的情绪，也没有坚实的技巧。不时，他们还标出新理想的旗帜（宗师和信徒实际都是他们自己），把他们作品的题目标作"摸索""苦闷的追求""到民间去"，等等等等。的确，他们寻找字眼，较之表现才能，要容易得多！

1930—1931年中间，三个不同的派别在日本、比国、德国、法国举行的四个展览会，把中国艺坛的现状，表现得相当准确了。

现在，我们试将东方与西方的艺术论见发生龃龉的理由，做一研究。

第一是美学。在谢赫的"六法论"（5世纪）中，第一条最为重要，因为它是涉及技巧的其余五条的主体。这第一条便是那"气韵生动"的名句。就是说艺术应产生心灵的境界，使鉴赏者感到生命的韵律，世界万物的运行，与宇宙间的和谐的印象。这一切在中国文字中归纳在一个"道"字之中。

在中国，艺术具有和诗及伦理恰恰相同的使命。如果不能授与我们以宇宙的和谐与生活的智慧，一切的学问将成无用。故艺术家当排脱一切物质、外表、迅暂，而站在"真"的本体上，与神明保持着永恒的沟通。因为这，中国艺术具有无人格性的、非现实的、绝对"无为"的境界。

这和基督教艺术不同。它是以对于神的爱戴与神秘的热情

（passion mystique）为主体的，而中国的哲学与玄学却从未把"神明"人格化，使其成为"神"，而且它排斥一切人类的热情，以期达到绝对静寂的境界。

这和希腊艺术亦有异，因为它蔑视迅暂的美与异教的肉的情趣。

刘海粟氏所引起的关于"裸体"的争执，其原因不只是道德家的反对，中国美学对之亦有异议。全部的中国美术史，无论在绘画或雕刻的部分，我们从没找到过裸体的人物。

并非因为裸体是秽亵的，而是在美学，尤其在哲学的意义上"俗"的缘故。第一，中国思想从未认为人类比其他的人物（此处"人物"应为"万物"，编者注）来得高卓。人并不是依了"神"的形象而造的，如西方一般，故它较之宇宙的其他的部分，并不格外完满。在这一点上，"自然"比人超越、崇高、伟大万倍了。它比人更无穷，更不定，更易导引心灵的超脱——不是超脱到一切之上，而是超脱到一切之外。

在我们这时代，清新的少年，原始作家所给予我们的心向神往的、可爱的，几乎是圣洁的天真，已经是距离得这么的辽远。而在纯粹以精神为主的中国艺术，与一味寻求形与色的抽象美及其肉感的现代西方艺术，其中更刻画着不可飞越的鸿沟！

然而，今日的中国，在聪明地、中庸地生活了数千年之后，对于西方的机械、工业、科学以及一切物质文明的诱惑，渐渐保持不住她深思沉默的幽梦了。

啊！中国，经过了玄妙高迈的艺术光耀着的往昔，如今反而在固执地追求那西方已经厌倦，正要唾弃的"物质"，这是何等可悲的事，然也是无可抵抗的运命之力在主宰着。

诗人与诗

江寄萍

《随园诗话》中有一节论诗人的，非常奇怪，也非常有道理，云："所谓诗人者，非必其能吟诗也，果能胸境超脱，相对温雅，虽一字不识，真诗人矣。如其胸境龌龊，相对尘俗，虽终日咬文嚼字，连篇累牍，乃非诗人矣。"

这段话非常有道理。诗人不是随便可做的，而做这种诗人，尤其难，诗是人人可以做的，而天才却不是人人能有的。而所谓天才，其中又包涵许多成分，如眼光锐敏，感情丰富等等皆是。如果要谈到如何谓之眼光锐敏，恐怕一时也说不完。看云是一种很普通的事，人人俱能看到，而诗人眼中之云，却与常人不同，他由云中能幻想出许多妙东西来。

下雪时候的景象，是人人得见的，别人只以为天不过是在下雪，宇宙一切都是白的，仅此而已，而在诗人的眼中却不同。古人有两句形容下雪的打油诗云："江上一笼统，井口黑窟窿"。看来似极平淡，其实形容雪景是非常佳妙的，我们如果到乡间去，在下大雪的时候，出门来看一看便知这两句诗的妙处了。这是人人能见的,而旁人却不知这可以作诗料,好的诗却往往是很平凡,人人尽知,而人人皆未道出的。

天下之一事一物未有不堪入诗者,如门口的卖硬面饽饽的,在夜间总来吆喝,平常人听了,无甚感触,而诗人听了,却能想到那卖硬面饽饽的总有一天要不能做买卖的,于是便幻想出有一个天天买硬面饽饽的小孩子,忽然因为某一天没有听见卖硬面饽饽的在门口吆喝,那小孩便猜着他也许是老死了,也许是走在马路上不小心被电车轧死了,也许是他病了,因为卖硬面饽饽的曾对小孩子说过,他这样大岁数,没有儿子的。于是这小孩子又幻想他也许是病在床上,而没人去给他买药。这首诗由小孩子买不着饽饽吃,而在反面衬托出卖硬面饽饽老头儿的悲哀,是非常动人的。

还有一首诗,也是形容一个卖硬面饽饽的,作者是徐讦先生,大意说,现在谁家不买洋点心,谁还来买硬面饽饽。仅仅这两句便烘托出中国小手工业的落伍,无产阶级的悲哀。这是另有一种妙处的。

还有一首诗,是形容一个乳娘,这诗曾在《自由谈》上刊登,作者我记不清了,说一个乡下妇人把自己的孩子牺牲了,却到城市里来把乳液供给富人的孩子。我看来当时非常感动,这也是一首好诗。所以作诗,一方面是须要眼光锐敏,见人所未见,一方面是要情感丰富。以上所举的例,都是很平凡的事,而经过诗人胸襟一融化,便是很美很动人的东西。

诗,这种东西,不必满处去找,只在眼前就有,可是只看你有诗人的天才没有。不必死翻书本,也不必到各处去寻美景,有的人在冬令要踏雪寻梅，在秋天非要望月，然后才能有诗，那都不是诗人。明陈明卿云："天地间一种现成文字，如云物之暧淡，河海之倾泻，怪木奇鸟之种种于目前，恣我斟酌的把玩，遗物殊不贫，亦不吝。"所以说诗境是很宽的，也许有学者，读破万卷书，终日作诗，亦无一首好诗，而于村寺工人的口中却能流露出极美妙的诗句来。现在有许多人颇喜读歌谣，便是这种缘故。

除此之外，我认为诗还须美，我所说的美，乃是自然的美，而不是雕琢字句的美，如唐人的诗："停车坐爱枫林晚，霜叶红于二月花。"在字句上却不见得如何美，而在意境上却非常的美，这便是自然的美。如果雕琢字句，绝不会有这样美的诗意，我们读古人的诗，他们各有各的作风，绝不相同。李白之豪放，与东坡之豪放不同，杜甫与乐天不同，陶元亮与王维又不同，这是各人的天性不一样，所以诗也绝不能和人学，即学也学不来，倒反不如见从己出，要说什么，便说什么，有时或许会有好诗。

清沈晚村有诗云："身安万事闲，日落一村静。携儿向月明，壁上看人影。"颇悠闲可喜，这便是肯说自己的话的好处。事情是很不平常的，只是大人领着孩子晚上到村外去闲遛达，然而意境是非常的佳妙。这样我们也就可以知这诗是什么东西了。如果有人要问怎样能做好诗，怎样能做诗人？那只好请他自己去想，这种秘密我恕不奉告。

谈风雅

丁 易

陶渊明该算是个最风雅的人物了。

"采菊东篱下,悠然见南山。"他这两句传诵千古的名句,就活脱地画出了那种雅人深致来。淡泊宁静,冲淡恬适,世间一切都似乎在若有若无之间。那种无所为而为的超然精神,使读者于吟味之余,就好像摆脱了尘俗的羁绊,胸襟顿时开阔起来,所以王国维《人间词话》特地拈出这两句,说是"有境界"。

有境界的确是有境界,只是这境界也不是随随便便什么人都可以"有"的,必须衣食饱暖之后才能领略得之。观乎陶渊明就不曾为吃饭、穿衣担过心,而每天还必喝几杯酒便可明白。至于那些吃了午饭还愁着晚饭的人们,一天到黑终不免有所为而为,虽欲"淡泊宁静",无奈力不从心,结果是无论如何也"悠然"不起来的。

这话好像以前也有人说过,不过我却由此又想起一件类似的事来。

儿时在家乡念书,家乡是素以"文风甚盛"著称的。家里长辈希望我能接武乡贤,所以除了请先生教作古文而外,又叫我去跟一位父执学作诗。

父执是一位著名的风雅之士,古今体诗作得都很好,曾做过几任县官。后来不知是要学陶渊明不愿为五斗米折腰,抑是另有原因,就解职归田了。归田后当然就越发作起诗来。

他常常拿他自己作的诗给我看,那些诗是写在一本很厚的账本上的。我第一次看见的时候,心里有些诧异,为什么用账本来做诗稿呢?后来一想,也就释然,这大概就是所谓风雅吧!于是就毕恭毕敬地看着他那副潇洒出尘的神态来谈"超以象外,得其环中"了。

有一天我又去"领教"去了,走进堂屋,就看见一堆泥糊腿的佃户们鸦雀无声地围着他站着,他坐在一张太师椅上,迅速地翻动他那本诗稿。我以为他要和佃户们来谈诗,心里想这真是风雅透顶了。可是仔细一看,他那副神情却不像——绽着满额的青筋,脸上泛着红润的油光,以前那股潇洒劲儿,一丝丝也没有了。

突然地,他圆睁布满红丝的双眼,向一个佃户指着诗稿的一页:

"你看,积欠还这么多,又来求减租了,混账东西!"

他这一发气,我却恍然大悟了。原来他那账本,前半本是诗稿,后半本却是田租账。他是一面作诗,一面还在计算着佃户们的"积欠"的。

风雅和"积欠"是分不开的,看似讽刺,实是真理。《晋书》上说陶渊明把自己的田全种上秫,则佃户们交租的时候拖一点"积欠",自然也是会有的。

今世有欲风雅者乎?且先来广积"租田"吧!

普遍的音乐

冼星海

学音乐的人，没有一个不是抱大志向的。在他们理想里，充满着乐圣及天才的印象，个个的想望都是将来中国的贝多芬、舒伯特、瓦格纳这样的人物。可是事实上能做到吗？我们还要考虑中国的音乐环境和中国的音乐。由此类推，中国的现在，实在难产生像贝多芬等的大天才。与其缺乏天才，不如多想方法，务使中国有天才产生之可能，才是学音乐的人的责任。要使中国有音乐天才产生之可能，其责任落在一般音乐教育者的身上，他们的工作是非常重大的，不但学得了音乐便知足，还要广播全国，感染全国。人人能尽力做，尽力学，势必人人能歌能舞能奏，全国能够如是，岂不是一件极光荣的事吗？

我的主张是要把音乐普遍了中国，使中国音乐化了，逐渐进步上去，中国不怕没有相当的音乐天才产生。若不先提倡普遍音乐，恐怕再过几十年还是依然的中国，音乐不振的中国啊！

假如你已有志于音乐的，我便劝你好好的用功，不要随随便便的去研究，学成后把你所学教授别人，还要一生不忘，要经过许多苦恼和失败，甚至你所想望的事实，会常常令你丧志的，困苦的，只是这才是人生的真谛。我们要做普通人所不能做到的事情，而且要吃普通人所不能吃的苦，才是做成了一个可站立得住的所谓人，才算堪称为人。

贝多芬何尝不是饱吃痛苦，屡历厄运的人呢！然而他的不朽就在这里。所以学音乐的人啊，不要太过妄想，此后实际用功，负起一个重责，救起不振的中国，使她整个活泼和充满生气。还要记着吃苦是不免的，羊肠小道不易步行，我们只有血汗忍耐和努力才能达到我们的想望。此后学音乐的人，虽然把谋幸福或快乐的念头打消，但将来中国音乐发达，达到世界乐坛上的位置，也是你们学音乐人的幸福和快乐。

伟大的思想应该有的，同时要有伟大的实行。做一个真伟大的人，不是做一个像伟大的人。所以学音乐的人的思想，不要空想，还要实行。中国需求的不是贵族式或私人的音乐，中国人所需求的是普遍音乐。要了解没有音乐的普遍全国，便没有音乐统一之可能；没有音乐统一之可能，还能产生音乐大天才吗？不怪中国自有历史以来最缺乏的就是音乐天才，直至今日，也没位置站在世界乐坛上的。啊！我们学音乐的人，要多么自省！责任是我们的。

中国人物画之变迁

陈师曾

中国人物画之变迁，我以为很有研究的价值，研究愈深，兴味愈浓。

人物画在绘画中最为发达，因其关联人事最为密切。中国的人物画，在三代以前就有了。殷王武丁图像以求傅说于版筑之中，可知三代的人物画已略具规模了。惟其所图之形象若何，吾人殊难为深密的考究。迨后自汉朝起，人物画逐渐兴盛。

今讲自汉唐以至现代人物画的变迁——性质的变迁，画法的变迁。

古时多画人物：忠臣孝子，乱臣贼子。所以寓赏善惩恶之意，而匡伦理学之不逮，使人见了忠臣孝子的画像，引起崇拜模仿的观念；见了乱臣贼子的画像，生出厌恶戒惧的观念。自三代以至两汉，都属这一类——伦理的人物画。

自东汉以至六朝，佛教流入中国，于是佛画兴起。庄严的佛像，图诸石上，供人礼拜。及后黄、老虚无之学兴，宗教的人物画的性质遂扩大而为释道画了——这是宗教的人物画。

宋朝之后，人物画变而为赏玩的性质，徒供人之赏心悦目便了——这是赏玩的人物画。

以上把人物画性质的变迁提前做简单叙述。

汉武帝集藏许多鬼神的像于甘露殿，忠臣孝子的像于明光殿。到了宣帝，他图了霍光、张安世、刘德、苏武等十一功臣于麒麟阁，鬼神一类稀奇古怪的像于明光殿。及至元帝，他因后宫既多，不得常见，乃使毛延寿图形，按图召幸——可知当时的人物画，很见进步了。毛延寿而外，还有陈敞、刘白、龚宽、阳望、樊青等有名的画家，可知当时人物画的名手颇不乏人了。后汉光武定天下，有功臣邓禹等二十八人，明帝图这二十八将像于南宫云台，其用意也在表彰他们的忠诚，这都是帝王思想。

明帝有一次梦见佛像，乃派蔡愔出使西域，求得《四十二章经》及释迦之像，因建白马寺。于是佛教浸盛，佛画盛行。那时佛画虽然风行，但孔子和他身通六艺的七十二弟子的像也极其多。东汉的人物画较西汉尤其发达。往常的人物画都是镌诸宫殿里石墙之上，不可移动其位置的。

汉朝的画像保存到现在的，有下列几种为最著名：嘉祥武梁祠画像（帝子，功臣，故事的），肥城孝山堂画像（人物的），河南嵩山三阙（风俗的），山东鱼口孔子见老子像（还有一帧在江苏宝应）和周公召公辅成王像。此外尚有阳三老食堂画像，是小件头。汉时的人物画，笔法粗劣而不精致。以上讲的是汉朝的人物画。

到了魏晋六朝的时代，人物画渐渐地进步了。那时出了许多专门画家，其最著名者，为曹不兴（一作弗兴，三国人）、顾恺之（晋人）、陆探微（宋人）、张僧繇（梁人），大都生于南方。曹不兴从外国和尚学画，很受外国画的影响。他有层长处：大幅的人物画，他能顷刻间作就，身体的各部，且可布置合宜，毫厘不差。

晋朝的顾虎头（即恺之）也是个以善画人物著闻的画家。他有段故事。他是个穷人，和尚向他化缘，他就为和尚画个佛像于庙里壁上，叫和尚卖给人看，后来视者如堵，和尚得了一笔巨资。顾氏画名之大，可想而知。

南朝时陆探微的人物画较前更为特色，他对于谢赫所拟六项画法可算升堂入奥。谢赫所拟六项画法是：气韵生动，骨法用笔，应物象形，随类赋彩，传移摹写，经营位置。谢赫这个人，人物画作得也很有名，顾虎头以后，算他称绝于一时。

中国的人物画是有骨法的，是有笔墨骨气的，不像今之水彩画，但取其秾丽生态以定品。可是梁朝善画佛像的张僧繇，他却变了体格，创没骨法。没骨法又叫作"染晕法"，是以五色染就，不见笔迹的，就是布彩肖像不用双钩的，和西洋的水彩画画法一样。他这个法子，是学了印度西域的佛画像来的。

北齐的人物画家曹仲达，他画的人物，其体稠叠，其衣紧窄，后人叫他作"曹衣出水"。他描出的线没有粗细，叫作"高古游丝描"，又叫作"铁线描"。"游丝描"落笔比较柔弱，"铁线描"比较强硬。文字诸体，由篆而隶而真行草，篆书是没有粗细的，隶书就分出些粗细，楷书则粗细分得越发显明。文字的变格如是，画法亦然。所以唐以前的画法是没有粗细的"高古游丝描"，到了唐朝以后，这项体法便被打破了。

唐初人物的盛况，和六朝时代差不多，不过这时山水草木画颇形发达，所以画起人物来，添了山水草木、楼台亭阁的配量。这在六朝时代本已风行，到了隋、唐，较前益甚。那时绘一幅画，除人物画画手而外，还有山水、鸟兽、草木、昆虫……的画手在侧，分别担任"配景"。初唐人物画的画法和六朝时代一样。到了中唐，发生变化。

中唐善画像的吴道子，他是绘画的革新家，他变更"高古游丝描"的笔法，而为有粗细的、有顿挫的，这叫作"兰叶描""橄榄描"或"针头鼠尾描"。他画的人物，笔势圆转，衣服飘举，后人称之为"吴带当风"……与"曹衣出水"恰恰相反。他不但改变从前的笔法，并且改变着色的方法。大概从前的颜色受着印度画的影响，着得浓重的，他却改着淡色，叫作"吴装"。

自此画法遂分为两派：一为曹派，一为吴派。直至现在的画工，也不外这两派。

人物画面部的变迁。唐宋以前，无论男女，颊部都是丰肥的，脸庞儿是像方形的，离不了"秾丽丰肥"四字的形容词。明朝以后，渐渐地变了，颊部是瘦削的，脸庞儿像个三角形。唐以前，人物画的衣是逢掖的，唐以后，是瘦窄的。从前画的是仕女，现在画的是美人；从前的体态是端庄的、雅壮的，现在的体态是轻盈的、娇小的、妩媚的。从前的人物画，丑好老少，必得其真；现在的人物画讲究的是悦目的曼丽之容，失却美术的真谛了。

现在专讲佛画的变迁。佛画盛行于六朝以至唐朝之间。至宋朝则宗教的思想渐渐地衰了。苏东坡崇拜之禅宗一派盛行，于是拜佛的事日见其少，有当时所图的佛像亦因此而变其庄严的态度。自宋至元、明、清，庙里供的是罗汉、祖师、高僧的画像，现时还是如此。庄严的佛的画像很不多见。

中国佛画的兴盛时期，可以说至唐时而止。因帝王拜佛，民众随之，佛画遂得盛行，所以思想的变迁影响于美术的盛衰至巨且大。如今西域还有许多佛画，刻诸石上，许多日本考古学家赴那儿把刻画的石运回本国付印。清朝画佛像的人有所谓复古派者，如陈老莲（陈洪绶）、崔青蚓（崔子忠）等，他们所作的佛像很难得社会欢迎。吴派的王小梅（王素）、顾西媚等的画很潇洒、秀媚，则见赏于一般人。

现在有人说：西洋画是进步的，中国画是不进步的。我却说：中国画是进步的。从汉时到六朝的人物画，进步之速已如上述。自六朝至隋、唐，也有进步可见。不过自宋朝至近代没甚进步可言罢了。然而不能以宋朝到现今几百年间的暂告停顿，便说中国画不是进步的。譬如有人走了许多路，在中途立住了脚，我们不能以他一时的止步，就说他不能步行。安知中国绘画不能于最近的将来又进步起来呢？

所以我说中国画是进步的。但眼下的中国画进步与否，尚难为切实的解答罢了。